地方の中小企業が、
なぜ国連に認められたのか？

「誇り」となる会社の作り方

株式会社都田建設
代表取締役
蓬台浩明

現代書林

はじめに

●日本の誇りが世界を魅了する

ピーター・ドラッカーはかつて、「ある目的」のために来日しました。スティーブ・ジョブズも、同じ「ある目的」のために来日しています。

ここ数年、東京オリンピックに向けた政府の施策もあり、多くの外国人が日本を訪れています。この外国人たちは、観光地を訪れるだけでなく、日本の古くからの伝統やアニメをはじめとしたカルチャー、ファッション、グルメやショッピングを満喫しています。最近は、田舎を訪れ、その美しい自然を直接体験しようという外国人観光客の数も増加していると聞きます。

はるか昔には物理学者のアインシュタイン、また近代建築の3大巨匠の1人、フランク・ロイド・ライトらも、日本に来て多くのものを見て学んだといわれています。

では、時代の方向性を示唆していた大物社会学者でコンサルタントのピーター・ドラッカーや、稀代の経営者であるアップルの創業者スティーブ・ジョブズは、なぜ、来日したのでしょうか？　その「ある目的」とは、なんだったのでしょうか？

実はこの2人に共通した「ある目的」とは、目に見えない日本の素晴らしさ、すなわち私たち日本人の内面に潜む「誇り」だったのです。

その「誇り」とは、日本人の精神性、つまり「心」のことです。

本書は、この私たち日本人が持っている「誇り」、つまり日本の「心」について、私たちドロフィーズが実践する具体的な事例を通してお伝えしようとするものです。

ちなみに、ドロフィーズとはＤＲＥＡＭ（夢）、ＬＯＶＥ（愛）、ＦＲＥＥＤＯＭ（自由）のそれぞれの頭文字に、仲間の意味で'Sを付けた「DLoFre's」で、都田建設が生みだす感動の総称と位置づけているものです（詳しくは本文で）。

私は、コンサルタントでも学者でもありません。ごく普通の地方にある中小企業の経営者です。

しかし、地域に根づいた経営者であり実践者だからこそ、見えていることや気がつくことがあります。地域に根づき、多くの社員たちと日夜、お客様のため、地域のために働き生きているからこそ、必要な街づくりについてよく分かっていると自負しているのです。

こうした地元の地域の街づくりなどを軸に、日本人が失いかけている、そして生きていく上でとても大切な「誇り」について、ぜひ知っていただきたいと思ったのです。

さて、ブログでも時々紹介していますが、私は日本だけではなく、世界のさまざまな国にも足を運び、直接見て感じて、スローライフを実現するために運営するドロフィーズキャンパスの未来のために研鑽を重ねています。

地元を離れて、日本各地を訪れると、いろいろなことが学べます。さらに、海外に出かけると、いっそう新鮮な刺激を受け、より多くのことを学ぶ機会にめぐり合います。

そんななかで感じているのが、日本という国を海外から見たときの素晴らしさです。他のどこにもない独特な文化、そして歴史があります。また、科学技術の高さは質の高い商品につながり、さらには衣食住はじめ多くの点でも、独特で快適なライフスタイルを実現できていると思います。

実際これらの点において、海外の人々からはかなり尊敬されてもいます。

ところが、日本にずっと暮らしていると、日本のマスコミの自国に対するネガティブ報道や、ネットの悲観的な誹謗中傷などもあるためか、日本という国の真の価値を見出せず、世界的に「誇り」にすることなどないのではないか、と勘違いしている方が多いように感じます。

私は、日本がなんでもすごいと思っているわけではありません。ただ、間違いなく日本が素晴らしいのは、伝統に裏づけられた「歴史の継続性」と、そんななかでも異文化の技術や思想などを柔軟に受け入れることのできる「寛容性」であると思っています。

この2点は、住んでいる自分たちにとっては当たり前であり、だからこそ気づかないことが多いのです。

この日本の「誇り」と日本人の柔らかい「寛容性」によって、日本という国は今なお、成長し続けていますし、私たちドロフィーズも浜松市都田で企業として日々それらを実践しています。

さて次に、企業と社会のあり方について、私の考えを紹介させていただきます。

●企業の存続を許すのは社会です

企業が道を踏み外したとき、社会はけっして見逃すことはありません。最悪の場合には、社会の意見が、つまり人々の思いが企業を潰してしまうことさえあります。

ここでは、実名をあえて明らかにすることはしませんが、過去を振り返っても、企業の横暴や儲け主義による「自我意識」(「自分だけ儲ければいいとする考え」という意味合いで使っています)が過ぎた結果、倒産した会社は数多くあります。

今後も、「自我意識」が強く、目先の損得だけで企業活動をしているような企業は滅びていくことでしょう。社会の構成員である良識ある市民は、過去において、企業の不祥事を多く見てきました。

ではなぜ、お客様をないがしろにした「自我意識」で会社経営をしているのでしょうか？

「自我意識」からではなく、「利他の精神」を持ってお客様を幸せにして、社会をより豊かにすることが企業経営ではないのか？――といった疑問は常に持っています。

私は、「利他の精神」を持って、企業を経営する人こそが社会に必要とされる経営者であると信じていますし、時には、「きれいごとすぎる」と陰口を言われることはあっても、そんな誹謗中傷などには耳を貸しません。

みなさんは誤解しているかもしれませんが、実は、法律で規制していることや取り締まっていることにはかなり甘い点が多いのです。

しかし、法律ではなく、道徳や人々の感情はとても素直ですし、時には冷酷でさえあります。みなさんの地域でも、近隣の人々から持ち上がった悪評で、潰れてしまったお店が思い浮かびませんか？

それほど、人の言葉、人の評価、時には思い込みも含めての口コミとは恐ろしいものです。よく、「火のない所に煙は立たぬ」などと言いますが、これは最近では特に正しくありません。

なぜなら、近頃は「火のない所に、でっち上げ記事を捏造する」という、まさに「自我意識」からマスコミやライバル会社が、対象企業やお店などを狙い撃ちするような事件もあるからです。

私は、このような社会に危機感を抱いています。

「どうしたら、日本をもっと素敵な国にできるのか？」

「企業経営を通じて、地域に、ひいては国に、さらには世界に貢献するにはどうしたらいいか？」

――などと、考えているのです。

そんなことを考えている集団が、私たち都田建設が主宰する「ドロフィーズキャンパス」です。

●覚悟と実践で地域から世界を変えたい！

一人の覚悟によって、組織の道は大きく拓かれます。

たった一人の覚悟によって、会社は大きく変化します。

ドロフィーズには大きな覚悟を持って、お客様、パートナー様、仲間などすべての人に対して真剣に向き合う、また自分のこと以上に大切なこの場所のことを思い守ろうとしてくれるスタッフがいます。

そして、そのようなスタッフ（人財）は、私たちドロフィーズに、毎年少しずつ増えてきています。

このような仲間がいることは、本当に奇跡のようです。

「覚悟を決める」ことが大切です。

言葉で言うのは簡単ですが、「覚悟」はそんなに簡単に持てるものではありません。

自分の中で、迷いをすべて断ち切り、どんなことがあっても「やり続ける」という強烈な意志が必要だからです。

そして、自分や自分の家族を守るという覚悟ではなく、それは大前提としたその上で、社会、地域、日本、環境、未来の子供たちに向けて、思いを馳せなければなりません。

覚悟を持って生きている人は、この日本に本当に少ないのではないかと危惧しています。

私たちドロフィーズには、自他共に「覚悟を持っている人」が何人かいて、そしてその人たちが最も輝きを放ち、イキイキと自然体で生きているのです。人間の躍動感とはそういうところから生まれると思います。そんな姿を、読者のみなさんにもぜひ見て感じていただけるように、事例や写真を豊富に紹介させていただきました。

本書には、笑われてしまうかもしれないほどの「きれいごと」ばかり書いてあるかもしれません。しかし、どれもが私が企業経営を通じて実践しながら、考えてきたことばかりです。

「自我意識」ではなく「利他の精神」で、お客様、地域のみな様、日本のみな様、さらには世界のみな様にもお役に立てるような企業経営を、また正々堂々と向き合う姿勢と考え方を、紹介させていただきます。

私たち都田建設という一企業の取り組みは、理想的な街づくりに広がり、世の中の問題を解決することへの提案となり、これからの日本や世界へと羽ばたける可能性に満ちていると信じています。

この街づくりの実践をお示しすることで、その奥にある考え方や理論を理解していただきたいと思います。

２０１７年２月吉日

フィンランドの森のカフェにて　蓬台浩明

「誇り」となる会社の作り方　目次

CHAPTER
1
「誇り」となる会社に必要な空気感

CHAPTER

2

「誇り」となる会社に必要な美の追求

CHAPTER

3

「誇り」となる会社に必要な街づくりとの関わり

CHAPTER

4

「誇り」となる会社に必要な環境行動とは？

おわりに

Gaia Harmonic Life

CHAPTER

1

「誇り」となる会社に必要な空気感

人が環境をつくるという考えへ、変わる時代

「人は環境で決まる！」と思っています。

何かを成し遂げたとき、「自分の実力だ」と思ったとしても、それは確実に周りの人の良い影響があってのことなのです。

自分の実力だと自分で思っているということは、周りの人や自然などへの感謝を忘れ、かなり慢心している状態だといえるでしょう。

どれだけ強い意志を持った人であっても、やはり環境が変われば意識がいつの間にか変化してしまうものなのです。

だからこそ、毎日身を置く場所は、本当に大切なのです。

「スキルや技術」は衰えにくいといえますが、一度つけたはずの「意識」も、すぐに環境によって変わってしまいます。だからこそ、私たちドロフィーズは、社風力を磨

き上げ、地域の自然環境を大切にし、その上で、人がつくるクリエイティブな空気感のある環境を非常に大事にしています。

なぜなら、私たちが身を置く環境が人をつくるということは、人は環境によって左右されてしまうということを意味するからです。

人は、その環境に適する自分でいようとし、次第にその環境に馴染むようにできているのです。特に女性のほうが、この柔軟性を必要とする環境適応性は高いと思います。

ところで、環境には、良い場所もあれば悪い場所もあります。

例えば、**自我が強い人**が集まる場所は良い環境とはいえません。逆に、周りや人のために貢献を考える**利他の人**が集まる場所は、自分と周りが真の幸せ感を得られ、人格も磨くことができるので、とても素晴らしい環境だといえます。

このように環境で人がつくられるのであれば、「人が環境をつくる」という挑戦もまた、重要なことに違いありません。

それは、次世代の人々のために自らが環境を良くしようとする、積極的な行動を取らなければならないということです。そうしなければ、自分に起こることを環境や周りのせいにする、つまらない人間になってしまうでしょう。

環境を良くするには、自然と共生する「ライフスタイル」の実践が大切です。そのために私たちができることは、美しい空間とクリエイティブな空気感を生み出す街づくりです。

その環境は、人がつくっています。だから、自らが環境を良くするための言動をし、人がより輝く場所にしようと一歩を踏み出す。そうしてこそ、言い訳のない、自らの人生を自らがつくっている実感が持てるのではないでしょうか。

だからあなたにも、決意してほしいのです。

「もし、今の環境が悪いなら、自分が未来の環境を良くする!」と。そして未来の子供たちにも尊敬される、素敵な人生を送ってもらいたいのです。

ドロフィーズキャンパスの空気感

私たちドロフィーズキャンパスは、季節によって変わる彩りを感じられる空間であり、非常に心地良く、澄んだ空気が敷地全体を満たしています。

私たちドロフィーズの事務所は、約6000坪の敷地を使って日々の活動を行っています。都田という自然豊かで、また地域住民の方々の生活圏の近くで、こうして住まいやライフスタイルに関わる仕事をさせていただけることは、これ以上ないほど恵まれたことだと思っています。

一般に地の利が良い場所とは、交通の便が良く、商業施設が近くにあり、人がたくさんいるところと考えられています。不動産屋的な発想でいえば、人気があって、地価も家賃も高いということになります。

しかし、私はそこに価値があるとは考えません。

自然な空気感のある環境の良い場所は、一見、世間的な地の利の良さそうな場所ではなく、むしろ、その場所そのモノに歴史があったり、独特な自然の生態系が守られたりしている場所ではないか、と思うのです。

こうした特殊な環境そのもの、もともとある魅力を最大限に生かすことを考えると、どんどんできることが見えてきます。

特に、地方で会社経営をされている方は、世間的な発想での地の利の良い街中を求めて、ないものねだりにより、今あるものを最大限生かし切れていないことも多いのではと思います。

まずは、今いる場所にあるものの中に、可能性を見つけ出すことです。

ある人には何もないように見えるけれど、別の人にはたくさんのことが見えるということです。地の利があるかないかよりも、**地の利**をつくるという感覚が必要です。

ところで、この**空気感**という言葉は、あまり日常では使わない言葉かもしれませんが、私たちドロフィーズでは非常に多く使うキーワードです。

モノ、空間、人……、それぞれ単独ではなく、かけ算で醸し出される「空気感」。

・気持ちいい
・やさしい
・たのしい
・ワクワクする
・温かい

――などの形容詞で表される「空気感」。

「空気が読める、読めない」ということもまた、その場での気配り、気遣いの仕方で相手の気持ちに違いが生まれるということだと思います。

やはり私は空気感を大切にしたいのです。

「空気感」「社風力」という言葉を、ドロフィーズでは非常に大事に使っています。

言葉は目に見えないだけに、それをチームとして一つにするため、言語化、見える化することは常に心がけています。今や、見えるものだけで判断できる時代ではありません。

ompus...

静かなこの場所から未来が生まれる

形容詞で飾られるイメージというものは、モノ、人、空間などが醸し出す空気感から生まれるものであり、消費者はそこを非常に大事にしていると感じています。

周りの幸せのために変化している場所には、そうでない人やモノのが近づかなくなるように感じます。

人が集まる場所が、組織であり会社でありお店です。これからも、良い場の空気感をつくっていきたいと心しています。

私たちドロフィーズは、この日本において、この場所で魅力的な街づくりを続け、唯一の場所をつくっていこうと励んでいるところです。

企業内での話しやすい空気感

リーダーにとって大切なことの一つに、「部下が話しやすい空気をつくる」ということがあります。話しやすいとは、何を、いつ、どこで、どのように、などの礼儀を教えることも含まれます。

そしてまた、言いたいことの中でも、言っていいことは自我ではなく、「利他の精神」を持って、「周りのために良くしたい」と思うことです。

仕事上、話しやすい空気づくりに必要なこととは、意見を聞いてくれるという包容力だけでなく、意見を言う側の仕事に対する向き合い方の教育も、セットでしなければいけないということです。

企業は、学生の部活でも、社会人サークルでもありません。お金を払ってくださるお客様の期待を超える努力を課されたチームです。

話しやすくあることと共に、話す内容が組織のクオリティを上げることにつながらなければ意味がありません。

私たちは、そのように「話しやすい空気」をつくる努力をしています。

先日、経営者の方やリーダーの方たちが「社風力を学びたい」と言ってくださり、ある研修会社を通じて私たちの会社にお越しいただく機会がありました。

何かを自分の中に落とし込み、理解し行動できるようにする。それを想像するのと実際に体験するのでは、大きな違いがあります。

問題意識を明確に持って、実際に見るということの価値の大きさ――「百聞は一見に如かず」とは本当にその通りです。写真や本では味わえない、最も大切なそこにある空気感を感じ続けることを、私自身も続けていこうと思っています。


社風力をつくるということは、雰囲気をつくるということでもあります。

人、モノ、空間……と、会社の雰囲気を決めていく要素は無限にあります。

そして、それらすべてのかけ合わせからにじみ出てくるものが、雰囲気です。

明らかに眼に見えるものでもなく、何かと比較できるようなものでもありません。

だからこそ、経営者やリーダーが雰囲気を意識的につくるには、強い意志と勇気が必要となります。妥協をせまる要因は、いくらでも出続けますからね。目指すビジョンとそこへの覚悟で貫いていくしか、「社風力」を意識的につくることはできません。

しかし、社風力で選ばれ続ける会社となることで、幸せのスパイラルに乗っていけるのです。

私たちは、どんな時も「社風力」を大切にしている会社です。「誰か一人でお客様に向き合うのではなく、社員全員で一人のお客様を大切にできる、気持ちのこもった社員であってほしい」と、私は社員に話し続けています。

個人でできることをチームでできるまでに徹底してくことが、経営には最も大事なことです。それが、企業全体の体質となり「社風」となって、お客様に選ばれる理由になるのです。仲間の成長とお客様の幸せはすべて一つなのです。

こうした積み重ねが社風を生み出し、私たちドロフィーズ独自の空気感のある、自然と共生する「ライフスタイル」が実現できる街ができるのではないでしょうか。

ライフスタイルが仕事になる

ドロフィーズには、自らのライフスタイルそのものを自分のメディアで発信することで、新しいお客様との出会いをつくっているスタッフがたくさんいます。

ドロフィーズでは、
・優しさと温かさのあるデザイン（北欧的なものと日本らしさの融合）
・オーガニック
・顔の見えるつくり手
・シンプルな構造美
・自然との共生
・長く使える
――こういうものを取り扱っています。

こうしたコンセプトに基づき、私たちドロフィーズではレストランも3軒経営しています。例えば、「9sense dining」（9センスダイニング）では、体に優しくて、素材本来の旨味を堪能できるランチをはじめ、ストウブ鍋をメインとしたコース料理などもご提供しています。

また、9センスダイニングでは、店内のインテリアにもこだわっています。ウェグナー、コーアクリント、オーレヴァンシャー、ポールヘニングセンなどの家具デザイナーの北欧家具をはじめ、北欧ヴィンテージ家具、北欧照明、イッタラ、マリメッコなどの北欧デザインの雑貨などでコーディネートされた北欧デザインを体感できる空間です。

レストラン事業以外にも、さまざまなイベントや活動、そしてワークショップなども数多く行っています。

それを、自らの生活に取り入れ、楽しみながらその喜びを周りに発信することで、出会いの機会が増え、その新たな出会いに、非常に充実感と仕事のやりがいを感じているスタッフがたくさんいるのです。

仕事とプライベートが高い次元でリンクし合い、そして自らと周りの人たちの生き方までがより良くなっていく……。**「ワークライフインテグレーション」とは、このように仕事とプライベートを分けることなく、同一次元で双方を合わせてより豊かな人生にしていくという考え方です。**

「ワークライフバランス」とは、ある角度から見ると真逆の発想なのだと思うのです。

空間から生まれるインスピレーション

素材を活かした季節のクリエイティブ料理

人が輝く組織。

お金儲けそのものが、仕事を行う動機ではなくなる時代。

人はなぜ、働くのか？

経営者側も雇用される側も「心の幸せ感」に立ち返り、もう一度真剣に考え、組織のあり方を見直すべきときだと思うのです。

クリエイティブ活動にはインスピレーションが重要

こうした空気感のある空間だからこそ、クリエイティブ活動も盛んになるような気がしています。クリエイティブ活動には、新たなインスピレーションが必要となります。このインスピレーションは、自らの感受性から湧き上がる「感動」があって、初めて生まれてくるものです。

私たちは、充実した人生を送ろうと日々自分を見つめることで、たくさんの気づきに出会えます。

自分の内側を鍛えるとは、自我を強めるのではなく、他のために役割を果たせる優しい人間になるために自分を整えようとすることだと思います。

そうしていることで、多くの出会いや気づきに対する心からの感謝が生まれ、そして感動します。そこからこそ、創造力やインスピレーションが湧き上がってくるのです。

私たちドロフィーズは、こういったスパイラルを全員で高め続けている会社です。人が人としてどう生きるか、社会に対して「信」を築くためにどう実践するか、その態度、言葉、行動の前に、自然に表現できるまで心に落とし込まなければ、ただのロボットになってしまいます。

人財づくりとは、心を高めることでもあります。だからこそ、私たちドロフィーズは社員一人一人が先生になり、自分ができているところ、自分が未熟なところをまずしっかりと理解し、そして互いを厳しくも温かく見守って共に成長していく。一緒に働く人たちと共に人財となっていく——これが、私たちのいう「仲間」なのです。

全員が人財をつくる先生であり生徒でもある――こんな会社がこの世に存在できることは、本当に奇跡かもしれません。

この社風力をより魅力的にしていきたいと思うのです。


私たちの会社は、住まいづくりを中心とした衣、食、住において、クリエイティブな活動をしています。創造力をカタチに表現するには、時間と心の余裕が必要な気もしますが、実際は、自らを追い込んで時間にタイムリミットを設け、智恵とアイデアを総動員するかのような強い集中力で搾り出す、という感じで生み出すものだと思うのです。

その時間のために、普段から、五感で多くのものを感じて仕入れをして、広い視野の中で検討しながらも、細部まで徹底してこだわり抜いて仕上げていく……。

クリエイティブな組織とは、自由であり躍動感を大事にしながらも、「集中力」を持って本気で一点にフォーカスできる時間があり、物事の考え方をも育てられる場であると思います。

そして何よりも、誰のためにその表現をするのかを絶対に見失わない、利他の気持ちから湧き上がるものを大切にしたいと思うのです。

私たちの存在の意味を考える

ピーター・F・ドラッカーは、企業の目的はただ一つ、**「顧客を創造すること」**と言っています。私はこの言葉を、経営の根幹においています。

もう少し突っ込んだ言い方をすると、お客様の求められるものを創造する。さらに深めると、お客様の潜在意識の中にまだカタチになっていない需要があることを、モノやサービスにして提供すること。それが「顧客の創造」なのだと思うのです。

お客様に行動してもらうための想像力を持って、社会の役に立つことこそが、企業の目的だと思います。

経営者、リーダーは、日々多くの情報に囲まれるので、そもそもの目的と手段をはき違えがちです。私自身も自らを律せねばと思いながら、この言葉に立ち返るようにしています。

やはり、経営者が事務仕事、雑用をしていては、物事を深めることも広めることもできません。それは得意な社員に任せて、経営者は創造力、アイデアをカタチにし、行き先を定め、その方法を考え続ける――これができてこそ、ドラッカーのいう企業の目的に向かうことができる、と私は考えます。

現場を見ること、そして、並行して時空の遠くから自らを見つめ未来を描き、必要なことを頭が割れるほど考え続ける――そんな中で、私たちドロフィーズは数々の独自の言葉や約束事を作っています。

例えば、私たちの会社には、ドロフィーズ・ウェイ（DLoFre's Way）という、念《おも》い、行動、そして会社の価値観と共に、ドロフィーズ人としての**「あり方」**を規定したものがあります。

その中の一つに言葉に、「プロフェッショナルとしての誇りと謙虚さを兼ね備える社風をつくります」というものがあります。

プロフェッショナルであることは非常に大切です。

プロとは、お客様からお金をいただいて仕事を通じ自らのできることで役に立つこと。そして、役に立てたからといって傲慢になるのではなく、役に立てるチャンスをいただけたことに感謝し、さらに次の機会に心を整え、さらに良い価値を提供できるようにしておくこと――これがプロフェッショナルです。

ですから、誇りを持ちながらも謙虚でいるということ。このような人としてのバランス感覚こそが、私たちの非常に大切にしていることです。

こういった社風の中で、一人一人の成長をも創造していきたいと思います。

ドロフィーズとは、（DLoFre's）は、Dream（夢）、Love（愛）、Freedom（自由）、そして's（仲間）の造語です。

私たちは、今の社会を変える使命そのものを、ブランド名としています。

・無気力ならば↓夢を持つ、持とうとすること。**それを叶えるための「覚悟」という意識を高めること。**

・無関心ならば→愛を持って人や周りを憂い、優しさを与えること。**そのための「厳しさ」を持つこと。**

・無責任ならば→人としての自由を大切にすること。**そのために「責任」を果たすこと。**

・無縁社会ならば→人とのつながり、仲間の存在を感じ行動すること。**そのために「利他の心」を磨くこと。**

未来への危機感という問題の根っこは、人の心の問題であるからこそ、本気で私たち世代が向き合っていかねばと思います。

人任せにせず、自ら行動していく会社でありたいと思います。

ドロフィーズは学ぶ会社

人を最も美しいと思う時とは、努力している姿を見た瞬間ではないでしょうか。感動の毎日を送れるのは、一所懸命に生きる仲間と一緒にいるからだと思います。

感動のある毎日と、感性を働かせず起伏のない淡々とした毎日が同時にこの世の中にあり、どちらかを自らが選べるとするなら、間違いなく、感動と喜びがある方を選びたいですよね。

一所懸命な姿は、子供でも大人でも人の心を熱くします。息子を見ていても夢中になって自分の好きなことをひたむきにやっていたり、スタッフを見ていても、真剣な表情で努力をしたりしているそのひたむきな姿勢から、人としての美しさが感じられます。

・一所懸命に打ち込めること

・一所懸命に続けられること
・一所懸命に叶えたいこと
――こういう毎日を選ぶかどうかは、一人一人の決断次第なのです。

美しさは、心の表れです。だからそう思うのだと分かってきました。結果が素晴らしい人が美しいのではないと、私の中でハッキリしてきました。

ドロフィーズでは、日々、上手くいくことより上手くいかないことの方が圧倒的に多いので、だからこそ、努力している人の姿が溢《あふ》れています。その姿は、本当に美しいと感じます。

周りにそういう人が溢れているので、自らもそうなりたいと思い、さらに努力をする。こんなスパイラルが私たちの会社にはあります。

できていないこと、改善すべきことがあることは全く悪いことではなく、そこから逃げず、真摯《しんし》に、一所懸命、無我夢中で努力するその姿が、周りに美と幸せを与えるということなのです。人が最も美しくいられる瞬間は、間違いなく努力している時だと私は思います。

私たちは、出会う人を自然にこのような視点で見るような会社になってきたように思います。本物の「社風力」を磨き続けていると思っています。

ドロフィーズは、学ぶ人が集まる会社です。

何を学ぶのかというと、

・生き方
・物事の捉え方
・人格

――です。

人生は一生涯学びであるので、**学びを諦めた人は人生を諦めた人**だと、私は思うのです。

学ぶためには、謙虚でなくてはなりません。

学ぶためには、意欲がなくてはなりません。

学ぶためには、興味がなくてはなりません。

積極的な姿勢で生きることは、一瞬がポジティブであるとかネガティブであるとかではないのだと思います。常に、ニュートラルな状態を保ちながら、誰かのために自らの行動を律することなのではないかと思うのです。

生き方や在り方を学ぶ人生が本当に楽しいし、それが周りへの幸せのスパイラルとなることを実感した後の毎日は、目に映るすべてが未来への光に見えます。

ドロフィーズキャンパスのルーツを受け継ぐ場所とは?

私たちドロフィーズは、キャンパスをつくり上げています。このようにできるのも、先人たちのおかげだと日々感謝しています。

よく温故知新といいますが、この言葉にある「古きをたずね」というのは、つまりそのルーツ（根）だと思います。

「温故知新」にこだわり、ドロフィーズキャンパスの場所である浜松市、そして日本について、私なりに感じている魅力を紹介させていただきます。やはり、自分たちがお世話になっている地域について学び誇りを持つことで、空気感のある魅力的な街づくりができると思うからです。

浜松の中の都田にある私たちドロフィーズには、「なんしょ、かんしょ！　やらまいか！」という地元独自の言葉があります。これは「迷っていないで、やろうぜ」という意味で、風土として根付いた気質のど真ん中で仕事ができる環境なのです。

この「やらまいか！」という方言に代表されるように、プラス発想で前向きな気質や創造精神の豊かな人間が育まれやすい場所なのです。

明るく、気さくで、サバサバしていて、陽気だけど本物志向。新しいものには飛びつくが、偽物と分かると一気に退く。こういう、爽やかで清らかな屈託のない人が多い浜松だからこそ、全国の政令指定都市の中で「健康長寿№1」なのではないかと、私は思うのです。

健康寿命No.1の浜松にしかない空気感

健康寿命日本No.1の浜松市。浜松は、男性が72・98歳（20大都市平均70・24歳）、女性が75・94歳（同73・36歳）となっています。

先日、健康寿命No.1を祝う会に参加し、浜松の恵まれた環境と健康意識の高さを改めて実感しました。

ちなみに、がんで亡くなる方の原因の最たるものが、喫煙によるものであることははっきりとデータに出ています。

また、浜松は、

・年間平均日照時間1位

・自殺死亡率の低さ1位

・15歳以上の就業率1位
・3歳児の虫歯の少なさ2位
——を誇っています。

また、農業就労者の戸数も1位で、浜松で生産している野菜の品目数も1位……。健康寿命が全国平均より2歳以上高い浜松は、地域コミュニティの場もたくさんあることや、医療機関が浜松方式といわれるくらい充実した連携があるということもあり、高齢者にとっても安心して暮らせる街なのです。

特に自然の比較的少ない大都市部においてさえ、平均値よりも2歳以上健康寿命が高いのです。その理由は、日本で1番の快晴率、定年退職後の社会との関わり、緑茶の消費量、ラジオ体操のコミュニティの多さなどが挙げられています

このようにいろいろと理由の仮説はありますが、私が思うには浜松人の人柄が非常に大きいのだと思います。明るく、前向きで、裏表がなく、ノリがいい、助け合いの心もある……。

もちろん人によって差はありますが、世界中を旅したり、日本の各地で生活した経

験のある私にとっては、この浜松が他都市と比べ圧倒的にこういう空気感が強くあると感じるのです。

やはり、ここ浜松にある雰囲気をつくる人の「気」が、非常に自然体で人間らしく、オープンな風土であることが影響しているのだと思うのです。

健康寿命を1歳上げるには、10年以上の時間をかけてライフスタイルを改善する必要があるといわれています。私たちドロフィーズは、日本の平均値よりも男性も女性も健康年齢が2歳以上高い浜松から、日本中、世界へ向けて衣食住におけるライフスタイルのあり方を発信していきます。

一度浜松で暮らし転出した人が、再び戻ってきて、「終《つい》の棲家《すみか》」に選ぶ人も多いと聞いています。

その理由として私自身が思うことは、何度も言いますが、浜松の人の人間性が非常に明るく、前向きで、そしてドライなすがすがしさを併せ持っていることが、良い「気」を生み出し、人を惹きつけるのだと思うのです。

地元にいると分かりにくいことも、このような指標や、外からの人の意見から、地域の魅力を改めて感じることができます。誇りを持って、この場所から発信していきたいと思っています。

日本人としての誇りを持つ生きざま

私たちには、何があっても失ってはいけないものがあります。それは「誇り」です。

この「誇り」とは、自我から生まれる自慢やプライドとは違います。

生まれた場所である日本、故郷、今住んでいる場所――そういったものの歴史やいただいたご縁は、一人一人が誰からなんと言われようと「誇り」とし、それに恥じない生き方をしなければならないのです。

日本人の心を持っていないのに、日本人であるといえるのでしょうか？

ただ、日本で生まれただけで、日本に対して「愛」のない人は、日本人でしょうか？

改善すべきこと、良くすべきこと、今の日本のありように疑問を持ったとしても、それを傍観者、他人事にするのではなく、「愛」を持って自たちのできる行動をしていく――それがなにより大切なことなのです。

家族に「愛」がないと、その家族は崩壊します。

組織に「愛」がないと、その組織はバラバラになります。

そして、日本というこの国家に向けて「愛」がなければ、この国の未来が良くなるはずがありません。

ただ生まれた場所が日本であるということではなく、日本人の心を持つ日本人であること。日本人の心を学ぶ大人が増えなければ、未来の子供たちに見本となれるものは、何もなくなってしまいます。

こういう現状を憂うるからこそ、自らの実業を通じ、これからもより強く伝えていきたいと考えています。

誇りは、自分という存在そのものがこうして存在できることへの感謝と、命に対しての畏敬《いけい》の念から生まれます。自らの内側から溢れるものでありますが、それを自慢するものではありません。

日本人として、日本民族としての「誇り」として、日本人の心があります。例えば、日本人の心としてハーバード大学の学生も学んでいる「謙譲の美徳」があります。明治維新や戦前の道徳経営で日本の産業化を果たした多くの経営者が持っていたといわれる、この日本人の心――。

今の日本人を見ていると感じることの多い、損得勘定で引き際を考えるか、責任逃れで引くか、卑屈になって引き下がるのかではなく、相手を想い、人のために「利他の精神」を持って自らが礼を尽くし、積極的な姿勢で相手に譲る――そんな心です。

さらに、己を慎み、人を敬う気持ちも美徳の一つです。これには敬語がありますが、その「敬」がいつも心にあれば、純粋で明るくいられ、妬《ねた》み、嫉妬などのよこしまな感情に振り回されることはないのです。

かの西郷隆盛も、この思いを非常に大切にしたそうです。

こういうシンプルな考え方こそ噛みしめないと、分かったつもりで実は言動が真逆になるようなことが起きるのです。

毎日、心を整えながら、人のために尽くし、そこから自ら人として成長していく。こうして心清らかに明るくいられるよう、大切にしたい日本人の心です。

また、礼儀、礼節などで使う「礼」という字についてですが、世の中の生きとし生けるものはすべて、全体と個が調和の中で成り立っています。その調和が美しい状態を「礼」というのです。

全体と個の関係、個と個の関係……。この関係性が整いながら、互いに害をなさずスムーズにことを成している状態が、「礼」であります。

人間の身体も、企業の組織も国家としても、それぞれの個が周りを乱すことがないよう、そのあり方である「礼」を欠かぬよう、どうあるべきかを問いただす――それが、「義」であるのです。

日本人として、礼儀という言葉の持つ本質を大事にしたいと思っています。

日本人として先人に学ぶ

「志あるものは、邪気を寄せつけない」。これは、西郷隆盛など歴史的偉人も学んだ佐藤一斎の『言志四録《げんししろく》』にある言葉です。

志ある士は、利刃《りじん》の如し。百邪辟易《へきえき》す

志を持つと、その人のオーラによって自分の内側にある雑念、邪念だけでなく、外部からの邪悪、邪気も寄せつけないということです。

指導者のための指針書といわれる『言志四録』を残した江戸時代の儒学者、佐藤一斎先生は、「志がないと子供にもバカにされる」ということを言っています。日本人の心を語る先人たちは、口を揃えて「志」を立てることの大事さを説いているのです。

最近の日本人は、全くといっていいほど、この「志」を持つということに関して、無意識、無価値な感覚で生きているように見えて仕方がありません。

江戸の末期、明治維新後に、世界が「神秘の国」「奇跡の国」として賞賛し、その心の美しさに驚嘆した教えの根本を忘れてしまった日本人に、再度日本の誇りを取り戻してほしいと思います。

まさに正しい日本人教育に、私は今後、取り組んでいかなければならないと思っています。

ここで、正しいこととは何か?――という点について考えていきましょう。

「正」という字は「一」と「止」の組み合わせです。止まる一本の線だということです。止まらず進んでしまうことにブレーキをかける一本の境目。これをわきまえることが「正」だということと捉えると、正義という字は、この「義」を行う上で一つの線を持って留まる、ということになります。

私には、「義」という言葉の意味、そしてその言葉に宿る日本人の心を知らずして、正義のある人生を送れるとは思えません。

「義」を真剣に学ぶことのない日本に、強い危機感を感じます。和の心、武士道、大和魂……。これらすべての根幹に、「義」を重んじる心があるのです。

私たちドロフィーズは、これらの言葉、そして心を非常に大事にしながら、一人一人が表現者として自らの大好きな仕事に向き合い、実現したいことを叶えていく仲間です。

正義を貫くこと。これほど自らを真っ直ぐに生きることができる大切なことはない、と思うぐらいです。

義とは、人としてのあり方の実践の法則であり、理とはその理由です。

企業の売上げや利益は、この義と理に適《かな》うものでなくてはなりません。

陽明学者で思想家の安岡正篤先生は、

「世の中の利害というものは大抵、義理に反して打算にはしり、それが大きな問題である」

と言っています。

人が生きる上で利害がぶつかることがあるのが人生です。

本来、経済は義理という道徳心によって成り立たねばなりません。

今の日本で義理を貫く企業を増やしていくことで、損得の経営がまかり通る社会を未来の子供たちに残さないようにしなければなりません。

責任、利害にぶつかったとき、義理に則った言動が溢れる社会を、私たち自身が広げてくという自覚を持ち、さらに実践に移していくことが必要だと、強く感じるのです。

日本人として「無」の心を磨き、気づきの力を鍛える

日本語の「無」は、「なにもない」「ゼロ」の意味でもありますが、東洋の哲学では「無」には「無限である」「制限が無い」という本質的な価値観があります。

日本人の精神の中にこの「無」という価値観が宿っていることに、私は日本人の一

人として誇りを感じます。

例えば、私たちの**「白のＭＩＮＫＡ」（２０１６年グッドデザイン受賞）**は、何もない場所だからこそ、無限の発想でできた宿泊施設なのです。

素敵な大人のためのホステル「白のＭＩＮＫＡ」のお部屋でゆったりと休まれた朝は、「白のＭＩＮＫＡ」の宿泊者のみ利用ができる、心と体に優しいモーニングビュッフェをお楽しみいただけるようになっています。

自社でデザイン施工した、都田の自然を一望できる「白のＭＩＮＫＡ」のリビングルームは、昔から日本人の生活の場だった「小さな民家」をコンセプトに、日本文化の深化と北欧デザインを融合させた施設です。

自然と人との共存に、これからの自分と出会える場所としてクリエイティブな空間を感じることができます。

2階のデッキに上がると、白い小さな棟の連なりから、まるで民家の小道にタイムスリップしたような感覚になります。

それぞれの客室には、１２０年以上経過した丸太梁、漆喰とワラを混ぜた自然素材

白は幸せの象徴。「白の MINKA」の由来は日本人のライフステージである民家

各部屋は古材と北欧デザイン家具……空間の楽しさは無限

の壁、卵の殻でできた調湿効果のある自然壁紙などが使われています。宮大工がオリジナルで造ったロフト階段は、部屋ごとに個性をもたせ、素材感なども感じていただけるように工夫をしています。

一人一人の可能性は無限であり、愛もまた無限なのです。

西欧には「一つを信じ、他は信じない」という、二項対立の「分ける」という価値観があります。

これに対して、私たち日本人は古くから、八百万《やおよろず》の神々を信仰してきましたから、対立する2つのものも矛盾なく融合させてきました。かつて大陸から新たな教えが入ってきても、それを柔軟に受け入れながら、すでにあるものとしっかりと調和させてきたのです。

神仏習合に象徴される価値観は、その後の日本の文化にまでいきわたり、今の私たち日本人の根底にしっかりと流れています。

人は無限です。だからこそ、その人生で自ら人のために叶えたいことに真剣に向き合い、自らと周りの幸せのために自分を磨きたいのです。

私たちドロフィーズは社員一人一人、そして組織としても、この日本人の心、「無」であることをこれからも大事に、そして可能性を拓いていけるよう、人格の涵養に努めていきたいと思っています。

この点においても、私たちのドロフィーズキャンパスが持つ自然の空気感は、魅力的だと思っています。自然からのメッセージは無限にあります。メッセージを感じ取ろうとする心さえあれば、いくらでも気づきがあるものです。

例えば、夕焼けを見て「明日は晴れるのかな」とか、鳥が低く飛んでいるのを見て、「雨が近いのかな」と感じたり、あるいは虹を見て「このまま今やっていることを大事に、迷いなく進めよう」、また風が気になったら「人間関係のバランスをとったほうがいい」などと考えたりすることです。

このような自然の気に準じた生き方を、昔の日本人は学び、生活に生かしていたのです。

いつしか、科学やデータで明らかになったことしか信じてはいけないような、また見えるものしか信じないような世の中になってしまいました。しかし、人間の智恵が追いつく科学の次元では解明されていないことのほうが圧倒的に多いということを、もっと謙虚に自覚すべきなのです。

自然の現象から多くを読み解き、時代を超えてきた言い伝えの中で、生きた智恵として大事にしてきた自然と共に暮らすということを、もっと大切にしていきたいと思うのです。

寛容と価値の融合という柔軟さも、日本的な強み

「誇りを分かち合う」という点も、日本としての素晴らしい点ではないでしょうか。日本という国は、世界で最も誇れる歴史を持っています。その理由の一つに、他の国の文化や宗教、価値観など含め、相手を認め、相手を理解する能力が高い、ということがあると思います。

例えば、かつての日本には自然崇拝や神道の教えしかありませんでした。ところが、6世紀ころからアジア諸国に広まっていった仏教に対し、当時の日本の為政者だった聖徳太子は理解を示し、日本での布教活動を認めたのです。

アジア諸国とつき合っていくためには、日本の価値観とは違う宗教もまた受容していく道を選んだのだと思います。もちろん、その後もキリスト教を含めた数々の宗教が、日本には入ってきます。

宗教の影響力は強く、文化や習慣にも影響が及びます。そのため、多くの国ではここまで寛容ではありません。

しかし、日本には他国の宗教さえ受け入れる寛容さがあったのです。だからこそ今日、お盆のお墓参りをしながら、クリスマスにはケーキを食べ、最近ではハロウィンの仮装イベントもすっかりなじみ始めているという現象が起きているのです。

宗教に対してすら寛容なのですから、科学技術を含めた学問や食材、衣服、日用品に至るまで、なんでも呑み込んできたのが日本の特徴なのです。

日本人はそもそも、他を理解して受け入れる「寛容さ」を持ち、価値を融合することが得意だったのですが、こと個人的な利害や心情に関しては、だんだんと意固地といいますか、頑固になってきたように感じます。

本来、日本人は日本のことを学び、理解し、日本を誇りに思っていたからこそ、その余裕から寛容に他を認め、活かせるものをうまく取り入れたり、組み合わせたりしつつ、日本独自のやり方にする柔軟性があったのではないでしょうか。

しかし、最近の日本人は、日本への理解が乏しくなり、日本を悲観的に捉えるようなネガティブな考えを持つ人が増えてきました。そのためなのか、多くの日本人が日本に誇りを持たなくなっている気がしています。

これは、地域の歴史や良さを理解していないため、自分の仕事や自分の生活に対して「誇り」を持てずにいる結果のように思います。

さらに、他人の価値観や生きざまに対する「寛容」さも、重要だと思います。これが最近、欠落しているように思います。特に、社会の中で組織として仕事をしていると、この点は強く感じます。

世の中に蔓延している自我から生まれた「自分さえ良ければいい」という考えは、結局は、自分に対する誇りのなさが生み出す、相手を受け入れる力が弱まった結果から生じているのではないかと思います。

つまり「利他の精神」とは、自分への理解と自分に対する誇りがあってこそ、生まれるのだと思うのです。

「武士の情け」という言葉があります。これは、私たちが絶対に失ってはいけない、相手に対しての節度であるといえます。

主君を持ち、その命を忠実にこなす。それが武士の生き様であり、そんな中で相手を辱めることなく、相手に最大限の配慮をすることが武士の情けということになります。

相手に情けをかけることは武士にとってはあってはならぬことですが、その上で、武士にも情けをかけるべきこともあるという、「例外にすべき」こともあるということです。

これは、孫子の兵法にもあるのですが、徹底して敵に反撃させないトドメの大事さを胸に秘めつつ、最後のところでは、相手に対して**「許す」隙間を残す寛容さ**も、時には必要であるということなのです。

こうした寛容さというのは「共存共栄」、つまり互いに成長することにつながるのです。

日本人として、松陰の教えを次代に

幕末の志士、吉田松陰先生の言葉と行動から、

・志

・誠

・義

——について具体的に学ぶことができます。

夢を叶えるには、志が必要。

愛を実践するには、誠の心が必要。

自由を実現するには、義が必要。

私自身はこのように捉えています。

国を憂い、人間力の無限の可能性を信じ、夢、愛、自由を謳歌しながら、後世に大切な日本人としての「意識」を残してくれた生き方と、その背景にある松陰先生の教え。私たちがこうして150年後の今、触れることができる幸せを、次の世代には行動で示さねばと思うのです。

人生を不安と疑問を持ち続けて生きるのか。

それとも、迷いなく自分らしく生きるのか。

歴史にヒントがあります。

「至誠」の一言は、松陰先生が大切にしていた言葉であることはよく知られています。

「誠に至る」とは、

「かくすればかくなるものと知りながら、やむにやまれぬ大和魂」

――という意味です。

この辞世の句にもあるように、人生を一つのことにフォーカスをし、死を怖れず、日本の未来のためにすべてをかけて目の前のことに、全身全霊で打ち込むという生き方からの言葉。自分の身がどうなるかなど省みず、「自分がやる」という志を行動に移すことで、その後に続く志士が念いを受け継ぎ、時空を超えて、人を巻き込み、強い使命を持った人たちで未来を切り拓いていく――そういうことなのです。

今、日本人としての誇りを失わず豊かさを感じられるとするならば、それは、こうして人生をかけて――自分のためではなく、この国の未来に人生を賭けてくださった、先人たちのおかげです。

私たちの心に、このようなDNAがしっかり宿っていることは、絶対に忘れてはいけないことだと、私は思います。

迷うことなく、至誠を持って毎日を過ごすこと、その気持ちを今日も整え続けます。

吉田松陰先生に学ぶ生きざまの格言は、前作『吉田松陰の言葉から学ぶ「本気の生きざま」』（現代書林刊）でたっぷり紹介していますので、お読みいただければ、日本人に生まれた価値や意義がよく分かると思います。

正しい国づくりを目指して

現在の日本は欧米の影響を受けすぎて、日本人の価値観が急激に変化してしまいました。

確かに経済的には急激に成長し、物質的にも豊かになりました。しかし、そのために日本人の生活様式が変化したのですが、それに見合う生き方が考えられていないということが、個人の悩みであり、家庭や企業での悩みにもなっているのではないでしょうか。

そもそも、日本人は古来、「家」（地域）を大切にして、家名の存続ということを第一義と考えて生きてきました。人間にとっては、死後も何らかの永続性があると信じることが、安心して生きていくために必要なことであり、自分の死後も「家」（地域）は残り、「ご先祖」として子孫に祀られると信じることが、その人のこの世の生を支えるものでした。

そこには、先祖を敬い、「温故知新」に代表される伝統と革新すらも継続する価値観がありました。

だからこそ、日本には１０００年企業が7社もあり、１００年企業なら5万社以上もあるといわれているのです。

これだけ企業が継続するには、やはり日本人の中に特別な教育があり、その教育や文化に対する誇りがあったからに違いがありません。

特に敗戦を経験したこともあり、欧米の文化から影響を受け、「家」（地域）の束縛を逃れ、「個人」を大切にして生きていこうとする考え方に変わってきました。

一方、ヨーロッパ近代に生まれた個人主義は、長い歴史の中から生まれてきただけに、個人主義によって生じる「孤独」や「孤立」を避けるため、いろいろな工夫や努力をしてきています。

ところが日本人は、そのあたりのことを考えず、**表面的な真似**だけをするため、非常に歪んだ形の個人主義が生まれてきてしまい、結果として、欧米にはない「自我のご都合主義で損得だけの生き方をする人」が増えてしまったのです。

これが、現代の日本の歪みにもなってきてしまっているのです。

本来、日本人が世界に誇っていた美しい日本の心も忘れ、欧米の真似を中途半端な形で、しかも間違えて理解したために、世界でもまれにみる自己中心的な人が増えてしまっているのです。

そもそも、日本人の生き方、道徳観などは、モノが少ない中で生きていくことを前提に、その中であまり言語化しなくても、自然に身についていく、という方法をとってきました。

ところが、昔のままに自分の親がしていたのと同様のことをしていても、モノが豊かになってくると、根本の前提が変わってしまっているので、あちこちに問題が生じてきてしまいました。

例えば、コンビニとネットがあれば、適当な生活ができてしまいます。親が豊かであれば、苦労もせずに、家にこもって働かない人まで登場してしまっているのです。

こうした一例を挙げるだけでも、日本に巣食い始めた問題の深刻さをご理解いただけるのではないでしょうか。

私たちドロフィーズは、それらの問題をなんとか解決し、自然と共生する「ライフスタイル」を理想とし、クリエイティブな人たちを育んで、世界を救済する人たちをどんどん輩出するキャンパスづくりを目指そうとしているのです。

Gaia Harmonic Life

CHAPTER

2

「誇り」となる会社に必要な美の追求

地域を温故知新のデザイン力で再生する

私たちドロフィーズの本社のある場所は、浜松の都田地域の横尾という地区です。ここは自然に囲まれた静かな住宅地の中にあり、すぐ隣には、日常の生活を営まれている方々がいらっしゃいます。

現在こうして、住まいに関わる仕事を思う存分にさせていただけているのは、この地で応援してくださる住民の方々のおかげなのです。常に、地元のみなさんに感謝し、地元のみなさんとともに素敵な街づくりをしたいと考えています。

ですから、私たちの新しい施設が完成するときには、まず最初に見ていただき、素敵な時間を過ごしていただきたいと思い、できるだけそうした機会をつくっていく努力をしています。

やはり、地元の人たちが喜んでくれる姿を見ると、言葉では表せないほどの感謝の気持ちがこみ上げてきます。

「企業というのは、地域に愛されることなしには存在する意味はないと思います」

これは、どんな時も、私の判断基準の中心にあることです。

こうした活動をしている中で、地元都田の私たちドロフィーズが、東京で暮らす私の友人であり尊敬する建築家・株式会社PIEの坂本政彦さんと共に企画デザインをした都田駅カフェが、2015年度「GOOD DESIGN賞」に選ばれました。

東京などの都会の方から見れば、静岡の片田舎のひっそりとした無人駅のデザイン設計なのにと思われるかもしれませんが、東京で授賞式に参加して賞を受け取った時には、こみ上げてくる喜びと、地元の人たちはもとより、共にこのプロジェクトに参加していただいたすべての方々に対する感謝の気持ちで一杯になりました。

そして、その協力していただいたことに、これからの運営で恩返ししていきたいと、心の中で誓いました。

都田駅は無人駅舎として、天竜浜名湖鉄道によって管理されてきた駅です。これをお借りし、駅カフェのデザインと工事を行いオープンしたものが、**「MIYAKODA駅カフェ」**です。

私たちが地域を愛し愛されながら、温故知新としてあるものをデザインで再生させた事例なのですが、訪れたお客様からも私たちのチャレンジによる変化に、「ワクワクします」というお言葉をいただき、本当にありがたく嬉しく思います。

私たちドロフィーズが考える「進化」とは、大きく拡大するためではなく、より品質を上げ、よりお客様に喜んでいただくためのものなのです。

この駅カフェのコンセプトは、こんな感じです。

古き良きものを残しながらも、
新たなデザインと価値を吹き込み、
今と未来の地域資産として活用されながら
残っていくもの。

私たちドロフィーズが大切にしている価値とは、
モノを大切にする暮らし
シンプルで飽きのこない時を超えて残るデザイン
自然と共存できるもの
人のつながりを育めること
――です。

このような、普遍的といえることをないがしろにしがちな今の時代にあって、再度、メッセージとして発信し続けていることの一つとして、この駅カフェがあります。

この場所で、そこに「美」としての表現を私たちらしく行い、世界とつながる「スローライフが始まる駅」として、そしてこれからもたくさんの方に愛されるドロフィーズの活動として、より魅力的にしていきたいと思っています。

こうした実践を通して、私たちは私たちが愛してやまない地域を、デザインと美でつくり続けているのです。

地域が再生され、世界とつながる駅へと変わる

都田駅。「スローライフが始まる駅」は自然と人が一つに

美的センスを高めるのがおもてなし

現代は、センスがある人が活躍できる時代です。

ひと言で「センス」といっても、

・美に対して
・人に対して
・仕事に対して
・モノづくりに対して

――などなどいろいろあります。

知識や技術があっても、それだけでは上手くいかない時代だと思います。おそらく、その流れはこれからもずっと続くでしょう。

先日も「どうすればセンスを磨けるのでしょうか?」という質問をいただきました。

私は、自分自身を磨くことの一つとして、興味のあることに、まず質より量を経験するということをしています。量を知って、そしてその中で本質を見られるようになるまでは続けます。

その上で、もう一つ、どんどん自分のできるところから表現していくということです。

ただし、一方通行ではだめです。周りの反応を感じながら、より高めるヒントを得ていきます。そうすることで、「知った！」という状態から「やれる！」という状態に持っていくのです。

時間はかかります。また、センスがすぐに良くなるわけでもありません。しかし、続けていれば、確実にセンスは高まります。

私自身も高めたいセンスはたくさんあります。だからこそ、センスアップをしたいことを経験する時間を、しっかりと取っていくことが大事だと思っています。

会社のトップとしてやるべきこととやらないことを明確にするのは、センスのあるトップの「判断」が必要だからなのです。その時間をつくるためです。

街づくりをする際に、美しいデザインをする必要があることから、「美」についてのセンスには特に磨きをかけ続けています。

私たち人間は、完成された美しさを見て感動します。そして、未完成の神秘を見てクリエイティブな気持ちになります。

私は両方の感覚を自ら経験し、その奥にある根本を自ら学び続けます。

完成した美とクリエイティブ感を生む要素――こういうことは、誰からも教わることではなく、現場を見て、感じ、考えるのです。そして、アウトプットする未来と現実の中で、具体的に「やること」に落とし込むのです。

私はまだまだ成長できると信じる感性を鍛え、そしてドロフィーズという最高のステージで、チームとして表現する根本を学び続け美について磨きをかけています。

なぜなら、美的センスを高めることが、最高の「おもてなし」であると考えているからです。

かつて、私たちの「おもてなし経営」の実践が、経済産業省から評価を受けたことがありますが、その頃から、「おもてなし」について多面的に考えてきました。

経営とおもてなしの心――この2つの言葉は相反するようですが、これからの時代の経営に「おもてなし」は絶対になくてはならないものなのです。

特にリーダーとなる企業や人にとっては、スキルや技術よりも、その根底にある「おもてなし力」こそ幸せを創造する上で最も大切で、必要なことであると、私は考えるのです。

だからこそ、私たちは「おもてなし」という古くから日本で受け継がれてきた文化を研究した結果、「美の追求」もまた、おもてなしであることに気がついたのです。

美の追求とは与える愛のイメージをデザインすること

街づくりをするためには、デザインの力、しかも生態系を考えてのデザインが大切であり、それが自然と共生する「ライフスタイル」につながるのだと思います。

私はあらためて、「美」ということを考えてみました。

美とは、神秘的なものを見る、触れる、感じるときに覚える感覚であり、また神秘という漢字の如く、人間としての想像を超えるような、あたかも神の秘密に触れるような感覚を覚えるということなのかもしれないと思うのです。

日本語というのはうまくできていて、「羊＋大」という字が合わさって「美」という文字になります。これはいったいどう意味なのか調べてみました。

「羊」は古来、人に命を与え養うという神聖な生きものであり、それが「大」きく広がるということが「美」の持つ漢字の成り立ちです。日本人の心を学ぶことができます。

つまり、つくる側や一部の人間のエゴではなく、自然や時代を超えて人の心を豊かにするもの、そして幸せが広がることが「美」であると、受けとめられるのではないでしょうか。

私たちは、確かに過去に何度か賞という形で評価されましたが、まだまだ人の心を豊かにできるデザインができているとは思っていません。まだまだ未熟ですので、今後、小手先のテクニックで見た目だけのモノづくりにならないように、その本義である、「与える心＝愛のあるメッセージ」を見える形にして、人々にインスピレーションを与えられるようもっともっと成長していきたいと思っています。

こうした「美しさ」を追求し続ける場所が、ドロフィーズキャンパスです。美には限界はありませんので、この大きなテーマに真剣に取り組んでいます。

確かに、美というのは、人それぞれ感じ方も違うと思いますが、黄金比や等量分割法など、普遍的な美の基準というものもあります。

このような基準も大切にしますが、私たちが追求するのは数値やデータでは表せない、私たちらしさの中での美の基準なのです。

私たち独自の視点、主観の中に美はあるのです。けれども、その基準を考える際、時間や空間を超えても私たちと近い感性の方には「美しい」と感じられるものであることを、真剣に考えての美の基準なのです。

私が入社した15年前には、全くと言っていいほど、こうした美を追求するための時間なんてつくることができませんでした。しかし、今は仕事を通じ、「美」について社員全員で考え、深められるようになりました。

実業の上で、美の追求にチャレンジできるのです。最もやりたかったことを、今までのこととしっかりリンクさせて、仕事で発揮していく時期に入ってきましたし、そうした社風にもすることができたことに感謝しています。

人、空間、モノにおいて、「美」をとことん突き詰めることができる幸せを、地域の方と共に感じていきたいと思います。

さらに素敵な街づくりを進める上で、自然と共生する「ライフスタイル」のためにも、美の追求をしていきます。

なぜなら、「美の追求とは、与える愛のイメージをデザインすること」だからです。

ドロフィーズの美として
デザインについて

美の追求の中にあるシンプリシティとは、物事をシンプルに考えるということです。プロフェッショナルを突き詰めると、どんどんシンプルにそぎ落とすことを追求することになる、といわれます。

これは、私自身も非常に大切にしたい考え方ですし、デザインにおいてはなおのことです。

例えば、考え方、価値観をベースに一貫性を持ったもの、人、自然、社会との関わり方としての根本を、しっかり持っているかどうかです。

これに対して、表面を着飾るデザインや流行を追い求める表現などに、私は全くといっていいほど興味がありません。

それ以上に、目に映るとストレスを感じます。特に、住空間においては、そのように表現されている空間やデザイナーと名乗る人の活動を、批判的視点を持って見てしまいます。

一見、奇をてらった面白いアイデアが斬新に見えても、自我の表現に重きを置いてテクニックでつくられたものや、お客様への心のこもっていないものはすぐに分かるようになりました。

時間が答えを出さないものは、いずれ人と環境に飽きられます。結局、時間と共にスクラップ・アンド・ビルドされ、環境までも汚してしまうことになります。

こんなことを平気でやりながら、お客様から依頼された商品を自分の作品として自慢するような表現者が、世の中に必要でしょうか？

こんなことを称賛して評価する風潮を、いつまで続けるのでしょうか？

これは同時に、依頼する側の品格も問われることになるのです。

環境への配慮や大切に使う心を考えず、使い捨てのものを世の中に残すデザイン一辺倒のデザイナーと名乗る人の活動には、特に違和感を覚えます。

一見、時流に乗っているように見えますが、それは、価値観の違いですので、良い悪いではないと思います。

ただし、私たちドロフィーズの大切にする価値観とはハッキリと異なるのです。

私たちドロフィーズは本物を丁寧に、そして大切にしていきたいと思っています。

地球や宇宙の法則に従った、何年経っても嘘にならないものを追求したいと考えています。

確かに、派手さはないかもしれませんが、地味でも確実に時間に評価される価値を提供できる「美」を、追求する会社であります。

「自我意識」ではなく、「利他の精神」で、お客様、地域のみな様、日本のみな様、さらには世界のみな様にもお役に立てるよう、正々堂々と美しくデザインをすることが、私なりの愛の提供だと思います。

こうした念《おも》いで、アート・ギャラリー「Art & People」をオープンさせました。

ここは、絵画を飾る小さなギャラリーです。

画家の方々とお会いすると自らの表現に気持ちが込められていて、人の評価よりも

教会風ラウンジでアートに浸る

自然の光に包まれながら今の自分を見つめる

自分で表現する自由を楽しんでいることが分かるため、こちらも嬉しく幸せな気持ちになります。

依頼した私が、画家にその絵を描く背景を質問させていただくと、彼らは謙虚さを持ちながらも、自らのイメージを存分に表現してくれます。そしてその絵のこだわりに、たくさんの物語があることを伝えてくださるのです。

ドロフィーズで始まるアート・ギャラリー「Art & People」は、人の表現の自由の中に自ら身を置き、気づき、学び、癒され、語り合える自由なフリーラウンジも兼ねています。

美は、普遍的な価値であります。湧き出てくる感情の表現に触れられるこの幸せを、多くの人と分かち合いたいという念いでつくりました。

美のセンスを磨くことは「空気感」を整えること

前にも述べましたが、私たちドロフィーズが街づくりをする際には、その街の「空気感」を大切にするために、組織として美意識を高めています。

私が思うに、デザインセンスを高めたり、モノを見る感性を磨いたりして美を追求することは、探究心を持ち続けるということです。

そして、デザインというと何か特別なことをしなければと思うかもしれませんが、私たちの会社では一人一人が「整える」ということを徹底して、学び、実践し、共有して改善するようにしています。

つまり、私たちドロフィーズではデザインとは「整える」ことなのです。

そして、この「整える」の意味は、

・揃える

・乱れをなくす
・同じような配列にする
・スッキリさせる
・シンプルに見せる
・規則正しくする

——などなどで、日常から、そのセンスをレベルアップすることができます。

美とは、大きな何かをつくり上げることと考えるのではなく、身近なものごとを「整える」ことで確実に上がっていきます。

そういうことができれば、自由に表現できる感性も同時に高まってくると、私は考えるのです。

美と経営の融合は、これから必ず大切になってくる時代だと感じています。理論や理屈では解決できないことと経営を共存させていくことは、本当にやりがいのあることです。

ドロフィーズ
美の7つの基準

私たちドロフィーズには、「美の7つの基準」というものがあります。

この「7つの基準」は、一人の念いが強いスタッフと、1000年先までを見据えてまとめました。それは、私たちドロフィーズの理念、ビジョン、ミッションを「美」に乗せて伝えていく上での大切な基準となり、毎週、全員で共有をして深め続けています。

変化の中でもブレない軸、変わらない基準をつくることは、ある意味命がけの作業です。1000年先まで続く念いを覚悟を持って考え抜き、共につくり込んだ仲間。そして、念いを一つにし、今この瞬間に未来に向かって、本気で自分のこととして考え行動しようとするのが、ドロフィーズの仲間たちなのです。

私たちは、ライフスタイルの美、心の美、そして、社風力で美しい未来をつくっていきます。

【ドロフィーズの美】（憧れの存在になる7つの基準）

①美とは神秘性である
②美とは本物である
③美とは感性である
④美とは表現である
⑤美とは生み出すものである
⑥美とは引き算である
⑦美とはストーリーである

この基準について、ポイントを紹介しましょう。

①美とは神秘性である

神秘とは神の秘密を解き明かすこと、とも読むことができます。

・美しい空間
・美しいもの
・美しい人の根本

――などを大事にし続ける会社として、人の心を惹きつけ続ける。

表面的な見せかけの美は、飽きられたり、忘れられたり、いずれ卒業したり、過去のものとなってしまいますが、魅力をつくるその背景にある考え、念い、価値を深め続けた先に生まれる表現は、人の心を惹きつけ神秘性を感ぜずにはいられないのだと思います。

だからこそ、物事の真理を深め続けることが大事なのです。すでにある自然などの美からたくさんの学びを得ることなのです。

そして、私たちドロフィーズの表現の舞台で思い切りお客様に伝えていける幸せ。

これから、ますますこういった感性を磨いていくことが大事な気がしています。

私たちの会社は、組織として一貫して高めていく「美」を、具体的に共有し続けていきたいと思います。

②美とは本物である

時間の経過とともに価値が高まり、時間のみが答えを出すものです。

私たちは、何かを選ぶときに悩んでしまうことがよくあります。何かを選ぶときに悩んだら、まずそれが「本物」なのかを考えてみましょう。

一時的にブームなって流行したものは、時の流れによって廃《すた》れていきやすいものでもあります。

「本物」というのは、口コミで拡がって、いつの時代になっても効果があり、拡がり続けるものなのです。本当に美しいものは、時を超えて愛されていきます。

③美とは感性である

これからの時代、ビジネスにも「感性」は必要なことだと思います。知識や情報、技術、そういったことが同レベルである場合、「違い」を出すのは「感性」なのです。だからこそ、感性を大切にすること。

感性とは、例えば「感じ取る力」。お客様の心理を感じ取る。人々の心を感じ取る。時代の流れを感じ取る。あらゆる場面で、そういった「感性」が大事になってきます。だからこそ、美とは感性だと思います。

感性というのは、何歳からでも、どこでも、誰でも磨くことができるのです。なぜなら感性というのは、いかに物事を深く考え、深く見ることができるかということだからです。今の時代、情報はインターネット上にあって、いつでも取り出せるという安心感から、物事をあまり深く考えない人が多くなったと思います。

しかし、感性を磨く、つまり深く思考すること、深く見ることで、他と違う価値を生み出すことができるのです。

④美とは、表現である

・表現しよう
・伝えよう
・内にある念いやコンセプトを、見えるカタチにしよう

——そういった積極的な姿勢から美は生まれるということを、この言葉に込めています。

そして、自我で主張することではなく、周りと調和して、それでいてプラスのエネルギーを与えられるような「利他の精神」を持って、美を私たちの会社から言葉にして発信したい。それを、真剣に自分の業務に落とし込もうとしています。

「できるからやる」のではなく、「やるからできる」。目指す姿に対して、強い気持ちで「やる」と決めるからできるのだと思います。

相手に伝わらないのは、そもそもその表現が存在していないということです。美しいと感じるかどうかは受け止める側が判断することだと強く意識し、表現力を磨かな

ければならないのです。

⑤美とは生み出すものである

これは、変化する過程の中に美しいものを見出すということです。

・創造する
・改善する
・変化させる

——時間は止まらないので、その時間に合わせて生きていくということです。

自分の都合を周りに押し付けていても、それは美しくないですからね。変化の先に美しさを伴って人をワクワクさせる期待をつくっていきたいと思っています。

美をつくるとは、クリエイティブな活動であり、他や誰かのものまねではなく、自らのアイデアやインスピレーションで人に感動を与えること。そして、その生み出そうとするエネルギーが空気感となり、モノやコトに宿っていくのです。

私たちドロフィーズは美しさのためにベクトルを合わせてチャレンジしていく会社

です。なりたい未来に対しても、今起こっている課題に対しても、逃げることもあきらめることもありません。「これでできた」という完成形のない「経営」という聖業を行っていきたいと思います。

⑥美とはひき算である

つまり、本質を追求した先にあるのが「美」なのです。

表面の装飾をそぎ落としてその後に残るものが本質だとすると、本質の美を大切に磨いていきたいという念いです。

優先順位をつけて、捨てていくことで見えてくるものがより美しくあるために、私たちドロフィーズスタッフがいつも押さえるべき視点を話し合い続けています。

価値を洗練させていく上で大切にし続ける——私たちの言葉です。

根本的な美を高めていきたい。ありのままでも美しくあることはどんな時代にも応用できるので、そのそぎ落とし残ったものが美しくありたいという意味です。

美という抽象的な言葉を、社員一人一人が違った価値観で捉えていると、目指したいものへエネルギーのかけ算となりません。

言葉の定義を明確にすることは、経営者として非常にエネルギーがいることですが、組織としてチームをまとめる上でどれだけ良い言葉を使っていても、受け取る側の捉え方がばらばらでは、まとまるはずはなく、言っている人の自己満足で終わってしまいます。

楽しい、笑顔、優しい、幸せなど、いろいろなきれいな言葉を並べても、その意味を徹底できるかどうかが小さな組織が躍動するためには大事なことです。トップとして言ったつもり、伝えたつもりにならないよう、気をつけていきたいと思うのです。

⑦美とはストーリーである

ストーリーや意味づけにより、相手の心をふるわせ感動させること。私たち人間は、ストーリーが大好きです。だから、そのストーリーに惹き込まれていくのです。

映画、小説、漫画、時代劇など、さまざまな媒体でストーリーが語られています。子供のころに読んだ本などのストーリーで、今でも印象に残っているのではないでしょうか。
①の「美は神秘性である」でもお伝えした、魅力をつくる背景にあるものと表現される物事の間を埋めることが、ストーリーなのです。美を伝えるためには、分かりやすさと記憶の定着が重要です。
難しい話はなかなか頭に入りませんが、ストーリーであればすっと理解することができます。ストーリーは、自らが、経験したかのように想像することができ感情移入ができ、好意を持つようになりやすいのです。

美しいしぐさを持つのが、日本の誇り

日本は、つくづく神秘かつ奇跡の国であると実感するここ数年です。特に、日本人の持つ「美意識」は圧倒的なものではないでしょうか。

空間、モノ、そして、そこにいる人。さらに、そこに宿る心までをも美しさとして

感じとることができる日本人。

シンプルで洗練され、簡素で装飾をそぎ落とした、さりげなく奥ゆかしく表現される美。「陰影」や「間」に自然との対話を感じさせる日本人独特の「美」は、西欧の人々の表情豊かでリアクションが大きく自信に満ち溢れた姿よりも、私は素敵だと思います。

それ以上に、日本人がおもてなしの心を表情やしぐさで魅せる自然体の美しさは、世界に類例を見ない美なのではないでしょうか。

やはり、日本人として生まれた私たちは、他国に学びながらも、内側にある自らの本物の魅力で自信と誇りを持って世界とつながっていくべきであり、まさにそんな時代だと思うのです。日本人が日本を、そして日本の「美」を学びカタチにしていく時代だと思うのです。

日本人は、モノを単なる物体として見るのではなく、そのモノに宿る意味、思想、背景など自由に発想させる美意識があります。

例えば、数奇屋建築に見られるような、整然として小気味よく縦と横に直線的な障子やふすま、また、畳などの中に無限の想像をかき立てる曲がった床柱が立っていたり、目の細かい真っ白な漆喰の床の間に一輪の野花が生けられていたり、整った上での崩しの美学が、宇宙をすら想像させてしまう無限の可能性を広げるのです。

こういうものの見方こそ日本人の美学であり、クリエイティブでかつ自然と調和するセンスでもあるのです。

今、世界中が、この日本の美、もっというと日本の心の美に憧れとともに尊敬を持ってくれていることを、私は、世界各国を訪れた際に強く感じるのです。

私たち日本人は、日本の美とは何かを再度、認識してそれを自信にし、世界が待っている争いのない、そして持続可能な社会づくりに一歩ずつ変化させていかなければなりません。

自らのことはもちろんですが、そればかりを主張するのではなく、ご先祖様から受け継がせていただいたこの美しい日本に、感謝と恩返しの気持ちを忘れることなく、美しい日本人の心に誇りを持って、積極的に行動していくことが大事なのだと思います。

Gaia Harmonic Life

CHAPTER

3

「誇り」となる会社に必要な街づくりとの関わり

野鳥がやってくる会社

私たちドロフィーズの敷地にある建物には、あちこちに鳥の巣があります。毎年、春頃になるとたくさんの渡り鳥がこの都田を訪れ、そして15棟ある私たちの建物のいたるところに巣をつくり子育てをして、そしてまた巣立っていきます。

人が集まる会社ではあるのですが、野鳥たちも私たちの敷地を選んで飛来してくれることは本当に嬉しいことです。人が近くにいても、自然の気のある場所ならば、野鳥たちも安心して命をつなげていけるのです。

野鳥を含めた自然から、私たち人間も、環境づくりの上で学ぶことはたくさんあります。

そもそも、野鳥を集めたいと思っても、私たちでは野鳥の意識をコントロールはできません。なぜなら、まさに野鳥は自然体だからです。

野鳥が会社にやってくる姿を見て思うのですが、やはり、生きものに愛される場所であるということをこれからも大切にして、地域環境との共存共栄、そして、ライフスタイルの持続可能性に向けてまだまだ取り組んでいこうと考えています。

ここで、みなさんにも考えていただきたいのですが、そもそも、街づくりとは誰が行うのでしょうか？　みな様にも考えていただきたいのです。

街づくりとは、行政が行うのでしょうか？　それとも政治家でしょうか？

やはり、街づくりを行うのは、そこに生活する私たち自身ではないでしょうか。なぜなら、美しい街があれば、そこに暮らす人の心は豊かになり、結果として、自分だけではなく、他人への温かい思いやりの心が生まれると思うからです。

「優しい」という漢字には素敵なメッセージがあります。「人」を「憂」れう。つまり、人のことを憂いて、気づかい、人への思いやりに満ちている状態を「優しい」というのです。

まさに、自己中心的発想の自我・自利から利他の心へ意識の転換が、街づくりには必要なのです。

街づくりとは、その街に暮らす人々への気遣いであり、思いやりだと思います。そうだとすれば、誰もが街づくりに参加しない「傍観者」であってはいけないような気がしています。

この街づくりには終わりがないと思います。人が生活する限り、街は残り続けるでしょうし、時代が変われば、街のあり方も変わってくると思います。

だからこそ、その街で暮らすみんなで、街づくりに参加して、新しい時代をつくり上げていくことがとても創造的（クリエイティブ）であり、楽しいのではないでしょうか？

では、いったい、私たち都田建設はどのような念《おも》いで、街づくりに参加させていただき、この街に暮らす人たちと何を語り合い共有し、共存共栄するために何をしているのか、具体的にお話をさせていただきます。

その前に、そもそも、過去の街づくとは違う意識を持つ必要があると思いますので、過去、すなわち20世紀型の意識と未来、つまり21世紀型の意識の違いについても考えを述べさせていただきます。これからの街づくりをする上で大切なのは、今はどんな時代であり、これからどのような時代になっていくのかを、まず知ることです。

その本質に迫った上で、私たちの取り組みを紹介していきたいと思います。

街づくりに必要な美しいデザインとは何か

素敵な街をつくろうと考える際に、どうしてもデザインの力が必要になると思います。この場合のデザインとは、私たちの念いや目的のために物質やエネルギーに意図的に形を与えることであり、また感じ取った必要性や要望を満たすためのプロセスだと思います。

デザインは「利他の精神」を発揮すれば、素敵な文化をつくり出すことができます。こうした「利他の精神」を持った文化は、私たちが真実だと信じるものを基礎として成り立っているのです。

こうした**「利他の精神」を持って、未来の人々の幸せまで考える思考力がデザイン**

には必要ではないでしょうか。

私たちドロフィーズキャンパスの場合には、自然と共生する「ライフスタイル」の拠点として、街づくりをしています。やはり、街づくりには、自然の美しさを保ちながら、「利他の精神」を持ってデザインすることが必要だと思いますし、それが「誇り」を持てる地域をつくることにもなるのではないでしょうか。

多くの建築家たちはデザイン重視と言いながら、その形は自由な創造力を表現している建築作品であり、そこには自然と共生する「ライフスタイル」がデザインされてこなかったのです。

私たちドロフィーズは家づくりもしているライフスタイル・カンパニーですので、当然、建築に関するプロであるため、この点にもこだわり続けてきました。

みなさんにも考えていただきたいのですが、本来、街づくりには素敵な広場があり、一個人がゆっくりと過ごす家があります。

その家のことを考えていただきたいのですが、家は確かに建築物なので、多くの法律や規制などがあり、好き勝手には建てられません。さらに、家は街の中にありますので、街の景観にも影響を与えます。

街の景観を彩る住宅にも、「利他の精神」でのデザインを

誰もが、素敵な住宅に住みたいと思っています。

住んでいる住宅は他人の目に晒《さら》されているわけですから、人々は住宅の外観を見て、その中に住んでいる人の嗜好《しこう》や美的感覚を推察したりすることになります。

また、その住宅が、近隣の住宅とデザイン的に調和しているかどうかによって、その住宅の居住者の社会性を評価したりするのです。

つまり、住宅そのものは「利他の精神」を持って、街の人たちの共有財産というべきものだと思います。

建築家が、その空間設計の専門的職能として建築物を設計するときには、その近隣

の建物と調和をとれるように設計するべきことを倫理規定にすることも、集団による住宅地景観形成の解決策の一つではないでしょうか。

まさに、街づくりにはこの景観の美をいかにデザインするかが重要なのです。

人間は、社会的な生き物ですから、社会と調和した尊敬される生き方をしたい、認められたいと本能的に願っています。

特に日本人にはそのような人が多いと感じます。そのため、服飾以上に住宅については、近隣と調和し、それでいて自己を主張できるデザインの住宅を建てようと考えることになるのです。

社会的に評価される住宅デザインとはどのようなものかについての関心は、常に人々の関心の的であったのです。

美しい造形美を持った住宅は、長い年月を経過してもその造形美が色褪《あ》せることはないことは、歴史建築物を見れば分かるのではないでしょうか。

いろいろな街を旅する際に、歴史的な都市や美しい住宅地が経年しても、人々を惹きつける魅力を持ち続けていることほど、美は老化しないことを証明するものはありません。

人々は経験を通して、いつまでも美しい住宅、いつまでも懐かしい愛情を感じ続けられる住宅はどんな住宅であるかを経験的に知っているのです。

美しいデザインとは、いつまでも陳腐化《ちんぷか》しないことを認めているため、人々は地域に溶け込んだ美しいデザインに憧れるのです。

だからこそ、建築に携わる者に「利他の精神」がないと、社会が良くならないと思います。

なぜなら、エネルギー消費の40％もの量はビルや住宅などの建築業界で占めており、さらに建築材料、そして維持管理に費やされているエネルギーなども含めると、かなり社会の中での影響が大きいので、「利他の精神」を持ったデザインの追求が必要なのです。

環境に配慮した持続可能な街づくり

日本においては「利他の精神」を持って、自然環境までも配慮した景観も美しい街づくりの事例が多いとはいえません。

そこで、私たちが研究しているのは、北欧の街づくりやヨーロッパやアメリカはじめ世界各地の街づくりです。

今や世界では、街づくりは開発の段階から総合的に生態系を考え、自然との調和を図りながら、住宅地やホテル、ビルなどが建築されるような時代になってきました。これを「グリーン・ディベロップメント」(日本語では「環境に配慮した持続可能な街づくり」)といいます。

このグリーン・ディベロップメントという考え方を提唱したのは、アメリカのロッキーマウンテン研究所です。

ここで学んだことは、

①自然環境への対応

②資源効率

③地域社会及び文化的に敏感であること

――この3要素を基本に、環境と調和する持続可能な発展を考えていくということでした。

すなわち、①の自然環境への対応とは、開発行為は生態系の一部であるとして認識し、すでに存在する自然環境を尊重して対応せよというものです。

②の資源効率とは、私たちが資源を利用する際には持続可能なレベルにとどめるため、有効な使い方をせよとの考え方。

そして、③の地域社会及び文化的に敏感であることとは、地域の歴史、文化、風土にふさわしいデザインを用い、そこで生産された製品や原材料を購入し、地域文化とコミュニティを十分考慮せよというものです。

こうした考え方が、今では世界の最先端の街づくりで広がっているようです。

土を知り、そして畑も素敵にかっこよく

リバリューという価値の再認識で、モノも空間も生まれ変わる

駅 MIYAKODA cafe OPEN

Miyakoda Station

Slowlife starts from here. In Miyakoda station of Tenhama line, Eki café open!
11:00~17:00
Last order16:30

GOOD DESIGN AWARD 2015

Curtain gallery

We have a great variety of natural material texture; a hemp, 100% cotton. And we propose natural curtain for you.

9sense dining

Adult casual using STAUB pot
You can enjoy creative course meals.

GOOD DESIGN AWARD 2016

ShironoMINKA

Fusion of Japanese culture and Scandinavian design.
It is an accommodation facility that images the coexistence of nature and people.

Nordic deli

You can take out fast foods, which are Flaffy, soup, coffee etc...

DLoFre's Interior

There are furnitures, daily goods, grocery and organic wine that is good for our health.

Organic wine gallery "Enoteka"

Over 30 various organic wine in this gallery. You can enjoy tasting 8 varieties wine for 500 yen.

Kura de tabisuru book store

You can enjoy the adult lifestyle with a relaxing warehouse that has been renovated for over 100 years.

Art & People

Surrounded by local artworks vintage Space where you can spend creative time sitting on furniture.

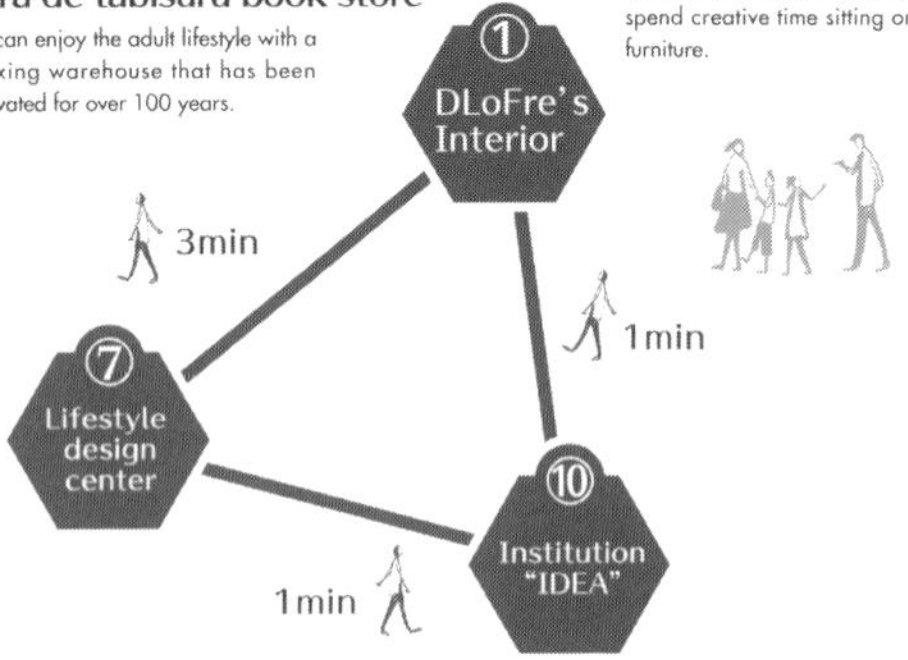

DLoFre's Fabric

There are more than 300 kinds of Nordic texture including Marimekko first selling in Japan.

DLoFre's Garden & Hill

DLoFre's garden express the Nordic landscape and atmosphere. You can enjoy the Nordic world that exist only here.

IDEA architect room

DLoFre's house building is house of free design. Various architectural models which is new-built house are especially exhibited in this room.

DLoFre's grappling with environmental problems & health

Earth

■Thinking the global environment, DLoFre's carry out Carbon Neutral.
By planting tree and introducing natural energy, we are trying to offset the greenhouse gases that is exhausted by using energy in DLoFre's campus.

■All energy in this campus uses Green electric power.

Health

■Taking a care of the visitor's health and children's future, smoking is strictly prohibited in DLoFre's cumpas.
■Please, refrain from taking pets into this area.

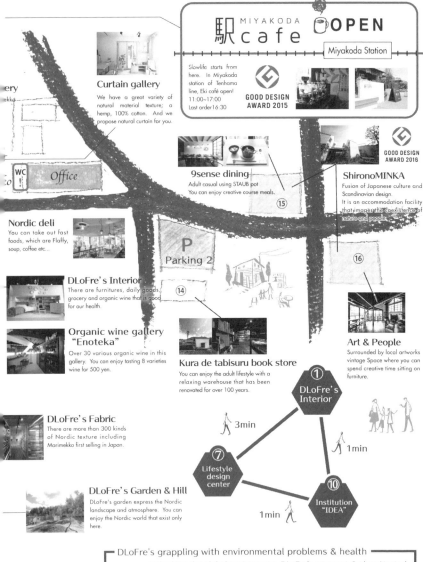

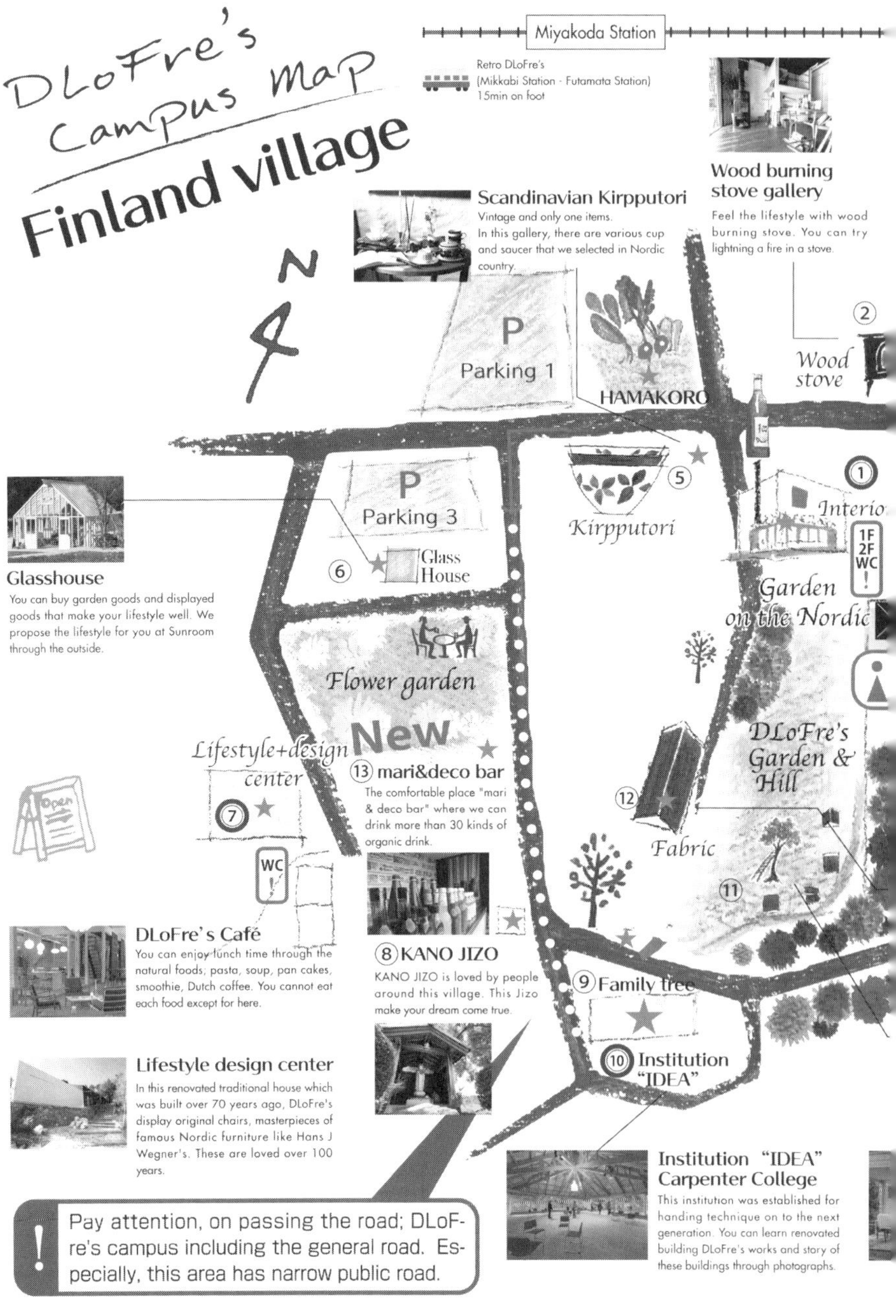
DLoFre's Campus Map
Finland village
N
Miyakoda Station
Retro DLoFre's
(Mikkabi Station - Futamata Station)
15min on foot
Wood burning stove gallery
Feel the lifestyle with wood burning stove. You can try lightning a fire in a stove.
Scandinavian Kirpputori
Vintage and only one items.
In this gallery, there are various cup and saucer that we selected in Nordic country.
P
Parking 1
HAMAKORO
Wood stove
2
5
Kirpputori
1
Interio
1F
2F
WC
Garden on the Nordic
P
Parking 3
6
Glass House
Glasshouse
You can buy garden goods and displayed goods that make your lifestyle well. We propose the lifestyle for you at Sunroom through the outside.
Flower garden
New
Lifestyle+design center
7
13 mari&deco bar
The comfortable place "mari & deco bar" where we can drink more than 30 kinds of organic drink.
DLoFre's Garden & Hill
12
Fabric
11
WC
DLoFre's Café
You can enjoy lunch time through the natural foods; pasta, soup, pan cakes, smoothie, Dutch coffee. You cannot eat each food except for here.
8 KANO JIZO
KANO JIZO is loved by people around this village. This Jizo make your dream come true.
9 Family tree
10 Institution "IDEA"
Lifestyle design center
In this renovated traditional house which was built over 70 years ago, DLoFre's display original chairs, masterpieces of famous Nordic furniture like Hans J Wegner's. These are loved over 100 years.
Institution "IDEA" Carpenter College
This institution was established for handing technique on to the next generation. You can learn renovated building DLoFre's works and story of these buildings through photographs.
!
Pay attention, on passing the road; DLoFre's campus including the general road. Especially, this area has narrow public road.

私たちドロフィーズの考える街づくりも、この考え方と近いところがありますので、紹介させていただきました。

やはり、世界のどこにおいても、地域を愛する人がいて、未来を考えて、いかに持続可能な発展を続ける街づくりをするか、は大きなテーマだと思います。

私は街づくりをする際には、何を持ってのデザインなのかも、併せて考えていかなければならないと考えています。やはり、まずは自然への感謝と畏敬の念を持って、自然と共生する「ライフスタイル」をデザインすべきなのです。

もっと言ってしまえば、地域を愛している者でなければ、美しくて愛着を持ち続けていただけるデザインを生み出すことはできないのではないかと思うのです。

街づくりに誇りを持つためにも、自然を生かす美の追求

私たちドロフィーズは、自我のデザインはしません。自我ではなく「利他の精神」

を持ったデザインへの変更が、未来をつくると思っています。

「ドロフィーズキャンパスは本当にきれいで、空気が美味しい空間ですね！」。

これは、ドロフィーズキャンパスを訪問された方たちがよくおっしゃる言葉です。とてもありがたく聞いています。

訪れた方が自然と共生する「ライフスタイル」に共感し、醸しだされる空気を気持ち良いと感じていただいたために出た言葉だと感じています。

私たちドロフィーズキャンパスは、常に地域の良さを活かしつつ、愛される街づくりをしています。やはり、街づくりには、自然の美しさを保ちながら、「利他の精神」を持ってデザインすることが必要だと思いますし、それこそが「誇り」を持てる地域をつくることにもなるのです。

私たちがデザインについて考える時は、自然と人、そしてその地域独自の文化までもつなぐライフスタイルをイメージしてから、プランニングに入り、設計デザインをして街づくりを行っています。

そこにあるすべての生命体が共存共栄しながら、持続的に生存できる、自然に人間にもやさしいデザインのあり方を研究し、実践しているのです。

なぜなら、私たちドロフィーズは、自然と共存共栄する「ライフスタイル」こそが、地域環境における美の追求だと考えているからです。


ところで、こうした自然と共存共栄する「ライフスタイル」を実現する街づくりには、試行錯誤がつきものです。

やはり自然が相手ですので、常に変化しますし、自然といっても、土もあれば水もあり、花もあれば草もあり、鳥や蝶もやってきますので、思いがけないことも起きます。

だからこそ、自然と共存共栄する「ライフスタイル」の実現のプロセスにおいては、新しい気づきや学ぶことが多いのです。

だからこそ、自然大學と言えるのではないでしょうか？

私たちドロフィーズでは、**この地をドロフィーズキャンパスと、あえて「キャンパス」と言っているのは、まさに学ぶことが多い、大學のようなという意味合いもある**

のです。

最近の日本人は、自然から学ぶことが減っていると思いますが、その意味でも、私たちドロフィーズは、職場でありながら、自然に囲まれ、自然からも多くを学ぶことを会社としての誇りにしているのです。

もちろん、まだまだ、迷う場面も多々あります。この判断は、そもそも自然界を改善するのかそれとも壊すのか、適切な自然の生態系の構造やプロセスを維持しているのか、それとも退化させているのか、などなど……。

ですから、日々、私たちは自然への感謝と畏敬の念を持って、自然と共存共生する「ライフスタイル」の美を追求し続けているのです。

地域を愛している方であれば、また、より美しく愛着を持てるデザインを考えようとする念いさえあれば、誰もが素敵なデザイナーになり得ると思います。

私たち都田建設の社員たちやパートナーのみな様も、地域で暮らしている人たちもまた、地域を深く愛しています。だからこそ、今後いっそう、みんなで美しく素敵な街づくりをするために、日夜感性を磨きながら努力し続けていきます。

ドラッカーの師匠・シュンペーターの提言

オーストリアの経済学者で、あのピーター・ドラッカーの師匠といわれるJ・A・シュンペーターは、「資本主義は創造的な企業家のイノベーションによって発展する」と主張しています。

1930年代の大恐慌を身近で体験したシュンペーターは、経済発展の原動力を起業家による創造的破壊、別の言葉でいえば、イノベーション（技術革新）であることを見抜き、約50年間周期のコンドラチェフの波（景気循環の一種で、約50年周期の景気サイクルのこと）を再評価しました。

ここでいうイノベーションとは、新しい時代創造、つまりクリエイティブ活動のことです。そうだとすると、決して、政府や政治家や官僚ではなく、ゼロの段階から何かをつくり出してきた起業家こそが新しい時代の担い手であり世界を代表する者とな

るのです。このように、あのドラッカーの師匠であるシュンペーターは断定していま
す。

私は、ドラッカーの本を多数読んで学んできましたので、起業家を含めた経営者の役割を理解しています。経営者は机上の論理を言うだけではなく、常に理論を含めて、自らの資金を投入して、実践して結果を出すことを求められています。

世の中には、口だけで、資金も出さず、何も実践しないような評論家はたくさんいますが、評論家が何かを言うだけでは世の中は変わりません。

まして、街づくりには傍観者も評論家もいりません。実践する者が必要なのです。

街づくりに参加する気持ちがあり、実践する者であれば、もちろん、一個人でも十分ですし、私たち都田建設のような一個人の集合体である企業でもいいと思います。

大切なのは、いかに街を愛して、当事者意識で街づくりに参加するかなのですから。

イノベーションは、クリエイティブ活動であるからこそ、民意の反映が必要となります。だからこそ、国民が一丸となって取り組む日本再生プロジェクトであり、政府、

企業、国民が目標を共有し、それぞれの役割をきちんと果たすことで目的を達成し、失われた自信を取り戻し、ばらばらになってしまった**日本人の心の絆を再び取り戻すための「精神革命」**でもあるのです。つまり、21世紀は**精神革命の時代**なのです。

一企業が時代をイノベーションする時代

今回のように一つの文明（20世紀型）が終わり、新しい文明（21世紀型）の始まりにつながるような大転換の時代には、やってみる価値があると思えば、失敗を恐れず、果敢に挑戦してみるべきだと思います。失敗を恐れて立ち止まっていては、活路は開かれません。

前出のJ・A・シュンペーターも独自の研究から、「経済発展の原動力は、企業家のイノベーション（技術革新）にある」と指摘しています。彼は代表的著書『経済発展の理論』の中で、「創造的破壊を引き起こすイノベーションは、①新製品の開発、

②新生産方法の導入、③新販路の開発、④新原材料の獲得、⑤新組織の実現の5つの分野で可能だ」と述べています。

彼がこの指摘をしたのは80年近く前ですが、今でも学びが非常に大きいと思います。時代の転換期にはイノベーションが必要であり、そのポイントがこの5点ですが、私たち都田建設の場合は、特に5番目の「新組織の実現」に注目をしています。

私たちの組織だけではなく、私の仲間といえるパートナーのみなさんや大切なお客様そして、地域のみなさんと共に共存共栄できる街づくりをすることを新組織というのであれば、まさに現在私たちが取り組んでいることがそれです。

ということは、私たち都田建設のような一企業であっても、新しい時代をつくり上げていくクリエイティブ活動、イノベーションができるという意味だと思います。

私たち都田建設が行っているイノベーションの一つを紹介しましょう。

私たちは、「CO_2の排出量がゼロ」の企業活動をしています。この取り組みも評価していただき、環境省から、カーボン・ニュートラル企業というお墨つきをいただきました。これは日本の企業すべての中で、3年以上認証を受けているのは3社だけです

(http://jcs.go.jp/cn/companylist_window2.html／カーボン・ニュートラル認証取得者一覧)。

どんな取り組みかといいますと、社員の通勤での車から出るCO_2排出量から工事現場で出る排出量など、企業活動で出るすべてのエネルギーのCO_2の単位換算を行い、そのCO_2を吸収削減する活動を支援することで、私たちの活動から出るCO_2をゼロとします。徹底して、自らの活動による環境への負荷を調べ上げ、そして今この瞬間から私たちができることをやりきる。達成したなら、次を目指し、それを持続する。

・環境
・人類
・地域
・お客様
・パートナー会社様
・仲間
・会社

・自分自身

――この8つすべてがハッピーになるために一人一人が日々、尽きない課題に向き合うというのが私たちドロフィーズらしさなのです。会社の規模や売上げの大きさには興味がありません。

100年先の企業のあり方のロールモデルとして、自信と誇りを持って、その理想に向かって今この時代に必ず私たちから実現するという強い気持ちで、突き進んでいきたいと思います。

地球との共存、そして、持続可能性100%の企業として、真摯《しんし》に企業経営を未来の子供たちのためにも行っているのです。

21世紀は「カーボン・オフセット」なライフスタイル

ここで、私たちが取り組んでいる内容につき、みなさんにも分かりやすく具体的に紹介させていただきます。

環境問題の専門家らが著した多くの本や論文によりますと、地球温暖化は、化石燃料の大量消費と森林、特に熱帯雨林の大量伐採を主因として引き起こされており、「大量生産・大量消費」という消費社会の構造そのものを大きく揺るがせています。

そうした危機感を背景に、日本は２０５０年までに、現状から60〜80％のCO_2削減を目標に掲げ、低炭素社会を目指しているのです。

一方、欧州の各国間でもCO_2削減競争が始まっており、２０１３年から20年の間に、ＥＵが各国、各企業に配る排出枠を「有償化」することが決まっています。そうなれば、水道料金を払うのと同じように、CO_2の排出に適正価格をつける「CO_2有料時代」となり、CO_2が社会経済活動を規定する、いわば「CO_2本位制」の社会が現出することになるのです。

CO_2本位制の拡大と共に、環境ラベルなど、環境負荷の「見える化」を推進する手段が発達し、スーパーなどの商品にも「原材料調達↓製造↓流通↓販売↓使用↓廃棄」の全過程（ライフサイクル）におけるCO_2排出量の合計（カーボンフットプリント）

が表示され、同じ価格の商品なら、消費者はより低炭素の商品やサービスを購入することになるでしょう。

まさにこれは、21世紀の未来型ではないでしょうか。

こうしてCO_2排出量の「見える化」が進展すれば、企業の環境対策が、ライフサイクルへと排出されるCO_2排出量で容易に比較できるようになるのです。その結果、価格や品質といった商品特性に加え、カーボンフットプリントが新たな競争軸となります。

あらゆる企業によって、消費者から選別されるために低炭素な商品やサービスの開発が進み、「カーボン・オフセット」という考え方とライフスタイルが、一般にも普及していくと思われます。

「カーボン・オフセット」とは、経済活動や日常生活で排出するCO_2を、自らの責任でプラスマイナスゼロにする仕組みのことなのです。要するに、自らが排出したのに相当する分のCO_2を、植林や森林の保護育成、再生可能エネルギー事業への投資、排出権購入などで相殺（オフセット）する、という考え方です。

カーボン・オフセットは、経済活動によって排出されるCO_2を削減する手段として、あるいは、イベントの運営における社会的責任としてすでに実行されていますが、今後は個人レベルにも浸透していくことでしょう。

あり方も変わる

CO_2本位制の普及は、地域社会にも大きな影響を及ぼしますので、あえてこの内容について、環境問題の専門家らによる多くの本や論文などの見解を参考にして、詳しくお伝えします。

仮に、大都市と過疎地域間で排出権取引が進めば、森林の保護育成に積極的な地域や、エネルギー自給や資源の循環を効率的に実現した地域が豊かになるのです。

つまり、財政力や経済力の弱い過疎地でも、森林や農業、水産などの自然の資源に恵まれていれば、排出権取引によって資本が流入し、豊かになれるポテンシャルがあるのです。

では、低炭素社会がもたらす地域の変化はどのようなものが考えられるでしょうか。例えば、低炭素化に必要な「新エネルギー導入」や「省エネルギー」の視点から考えると、地域における街づくりにも新たな可能性が見えてきます。都市形態を凝縮し、高度な交通ネットワークによって職住接近を実現する「コンパクトシティ」も一例です。

一つのコンパクトシティと隣接するコンパクトシティがカントリー（緑地と農村）で結ばれれば、コンパクトシティの台所ごみをカントリー地域で有機肥料化して、カントリー地域の作物をコンパクトシティへ還流させるという、自然と人間が共存する環境システムが構築されます。まさに、自然のなせる業です。

コンパクトシティとカントリーを合わせた地域全体で資源が循環し、「エネルギー開発↓食品開発↓リサイクル」の循環システムが整備されるのですから、かなり現実的だと思います。

私たち都田建設は浜松市にはあるのですが、細かくいうと、ここ都田町はカントリー（緑地と農村）エリアなのです。同じ浜松市でも、新幹線が停車し繁華街のある都市機能を持つシティとは役割が違うのです。

だからこそ、役割の違うこれらがコンパクトシティ網の形成とともに普及・拡大すれば、小規模電力をITによってネットワーク化し、一括制御・管理して最適に組み合わせること（マイクログリッドによる供給システム）により、地域レベルでのエネルギー自給率を高めることができるのです。

そして、各地域では「マイクログリッドによる供給システム」が普及し、風力や太陽光、地熱、そして家庭内蓄電池、マイホーム発電などを活用することが一般化していくのではないでしょうか。

こうして市民の協力によって、分散型で地産地消型のエネルギーの普及が進展すれば、自然や環境と調和した地域再生が促進されていくと思います。

低炭素社会では個人も組織も、「自らが使えるCO_2量の範囲で豊かさを感じられる生活」をいかに築くかがテーマとなります。

だからこそ、一個人であっても、一企業であっても傍観者ではなく主人公意識で参加し「利他の精神」を持って、街づくりに参加することが重要な時代に入ってきたのだと思います。

では、これより、そこに人が住むという観点から、「日本人の心の絆を再び取り戻すための『精神革命』を行うための街づくりとは何か?」について考えていきたいと思います。

2億年前から私たちにあるDNA

日本人くらい木の好きな民族は少ないと思います。そして木を使う技術にかけても日本人は一流です。明治の初め頃まで、日本人は木綿を身にまとい、木の家で暮らしていました。その後の技術革新によって、木や木綿などの天然素材は次第に時代遅れの厄介な材料と考えられるようになってしまいました。

しかし、最近になって事情は変わってきました。木や木綿の良さを、もう一度見直そういう動きが各地域で、また各家庭で現れてきたのです。

現在の日本人の大半は、鉄やコンクリートやプラスチック材料を主体とする工業製品だらけに囲まれ、パソコンや各種家電製品などのハイテク機器を使いながら、なにかいらだちといったものを感じ始めています。

確かに便利といえば便利な世の中になったかもしれませんが、何か情緒的なものに対する飢えが芽生えてきたのでしょう。それをDNAレベルで感じ取っているのかもしれませんね。

昔から木以外を主要構造材料として使ったことのなかった日本人は、「日本は木の国」「木に心の安らぎを覚え、自然との一体化」などから、「気持ちが良い」「ぬくもりがある」「ほっとする」という表現によって、木に対しては誰もが褒め称えます。どうして木という材料の話になると、とたんに感性・感覚の部分しか話さなくなってしまうのでしょうか。

これは、水と太陽という、生物が棲息するための絶対条件を満足させるところに木が生えているため、木を人類が生きながらえる生命のシンボルと感じるからかもしれません。

だから、木という生命体に対しては極度に感情的になってしまうのでしょうか。

生命の維持という点から考えると、動物である人間には、酸素の供給源である植物がなくては生きていけないのです。これはもう2億年以上前からの原理なのであり、とりわけ、日本人は古くから森と共生してきています。

日本の宗教でもある神道は、山も川も森も神として崇《あが》め、神として崇拝してきた歴史から、自然をとても大切にし、植物と共に永い間生きてきたのです。

日本人は、本来この植物をはじめとする自然と暮らすことに喜びをおぼえるDNAがあるはずなのです。4000年ほどの間、日本人は時々襲う地震や台風におののきながらも、この限られた広さの島国で自然とともに暮らし、固有の文化を育んできました。

私たちの祖先は森を切り、山を削りながら村や町をつくってきましたが、けっして森や川、池や湖、そして山や海をすべて壊すようなことはせず、適度に保ちながら発展してきたのです。

とりわけ木に対しては、霊木・神木として敬い、大切にしてきましたし、木を切り生活のために利用しつつも、木を植えて育てていた民族なのです。

このように「鎮守の森」を心のやすらぎの場所とし、「ふるさとの森」をつくり、守り、残してきたのです。私たち日本人は、森を大切にする民族であると信じたい。それが先祖から、受け継いだ宝でありDNAだと認識することで、自ずと、「私たちはどのような街づくりをするべきなのか」、その答えが見えてくると思います。

なぜ、街づくりは生物の多様性の理解から始まるのか

みなさんは、バイオダイバーシティ（Biodiversity）という英語を翻訳した「生物多様性」という言葉を、ご存知でしょうか？

1992年に採択された生物多様性条約の第二条には、「『生物の多様性』とは、すべての生物（陸上生態系、海洋その他の水界生態系、これらが複合した生態系その他

生息又は生育の場の如何を問わない）の間の変異性をいうものとし、種内の多様性、種間の多様性及び生態系の多様性を含む」と定義されています。

これだけでは分かりにくいため、要素を分けて説明します。

まず、生物多様性には3つのレベルがあるとされています。

すなわち、「遺伝子の多様性（種内の多様性）」「種の多様性」「生態系の多様性」の3つです。簡単にまとめると、「生物多様性とは、それぞれに違いを持ったいろいろな生き物がいて、それらの生き物がさまざまな自然をつくっている」ということになります。

古来、日本では、どこの集落や鎮守の森の周りにも、田んぼが広がり、薪や山菜を採るための森があり、小魚の泳ぐ用水路がありました。夏の夜には蛍が飛び交い、冬には鶴が訪れる。そういう「日本のふるさと」と呼ぶべき里山から思い浮かべるものが、生物多様性の姿なのです。

生きとし生けるものに感謝し、畏怖《いふ》する心性や、自然を征服するものではなく手入れをし、暮らしに利用していく人々の生活に生物多様性が見られる——とする考え方です。

生き物や自然には、まだまだ知られていない驚きがたくさんあります。例えば、ミツバチの働きによって野菜や果物の花の受粉が行われていることは多くの人が知っていますし、木の葉は太陽エネルギーから有機物を生み出します。

牡蠣は炭酸カルシウムとタンパク質を使って、外側の硬い構造や、内側の真珠に似た構造を作り分けるのです。人間が巨大な工場で作り出すものを、生物はありふれた材料と常温常圧の環境で簡単に創造してしまう、実にクリエイティブな存在なのです。

こうやって生物が作り出したものを微細に観察すると、その機能のすばらしさに驚かされます。

例えば、コノハズクの羽には小さなヒダがあり、獲物を襲うときに羽音を消すのです。まさに、この性能をヒントにして、500系新幹線のパンタグラフの表面に凸型の加工が施され、騒音が大幅に軽減されたというのは有名な話ですね。また、カタツムリの殻には小さな溝が無数にあり、そこに水を通すことで汚れを流しています。この性能も、ある企業が水回りの建築材料として使っています。

実は、この世にある工業製品の多くは自然に学び、自然界の生物や植物をヒントに作られていることが多いのです。アメリカではこうした研究成果を学問体系にして「ナチュラルテクノロジー」として学ばれています。

美しい街づくりは自然と共生するライフスタイルづくりから

生物多様性には、そうした自然の業《わざ》が無数にあります。

自然と共生する「ライフスタイル」には、こうした素晴らしい学びがあるにもかかわらず、どんどん日本から消えていっています。それは、その地域に住む人々が便利さを求めて、里山を守らなくなったことや、経済至上主義によることにも原因があると思います。

もちろん、地域を愛しているにもかかわらず、消えていく生き物に心を痛める人たちもいます。例えば、森林が切り開かれたり、干潟が埋め立てられたりすることで、生き物の住む場所が消えていきます。

地球環境の変化により、珊瑚の白化や高山の花畑の森林化が進んでいます。農薬を使って害虫を駆除した結果、トンボやメダカ、アメンボやミズスマシまでもがいなくなってしまいました。

かつての人間の自分中心的な活動によって、生き物の居場所がなくなり、姿を消してしまう痛々しさ。こんなことを続けていていいのでしょうか。こうした自然の恵みや営みにみられる生物多様性の素晴らしさがなくなっていくことは、残念でなりません。

昔から自然の中にはいろいろな生き物がいて、さまざまな自然の姿をつくり上げています。もともと「種」や「生態系」という概念は、生物学や生態学の研究者の学問上の要請から生まれたものであって、私たちの暮らしに直接関わりを持つものではなかったのです。

しかし、ここ何年かの間に、専門家ではない私たちが「生物多様性」という新しい概念に接するようになった理由は何なのでしょうか。そもそも、なぜ「生物多様性」

自然の恵みを素直に嬉しいと感じる都田の街

という言葉が使われるようになっているのでしょうか。

その問いに答えるには、もう一つの新しい概念である「生態系サービス」を理解する必要があります。生態系サービスとは、簡単にいうと「自然の恵み」のことです。空気、水、食料、衣服、木材など、自然は私たちの生活に必要な、さまざまなものを提供してくれます。

気候を和らげたり洪水を制御したりといった調整の役割も果たしてくれます。また、人は自然の中でレクリエーションをしたり、美しい自然の姿を眺めて心打たれたりという文化的な価値もまた実感することができるのです。

この生態系のおかげで、人類の生存は成り立っているのです。そして、多様な生き物がいてさまざまな生態系が生み出されていること、つまり、生物多様性があることによって、生態系サービスが成り立っているのです。

しかし、いま世界各地で、本来豊かであった生物多様性が危機に直面しているのです。近年では、アマゾンやインドネシアやマレーシアなどの熱帯雨林を切り開いて農業を行ったり、住宅団地を建てたり、干潟を埋め立てて工業用地を造ったりと、人間

自然と共存するという謙虚さを大切に

の「自我意識」による身勝手な活動が原因となって従来の生態系が破壊され、生物多様性が失われつつあるのです。

だからこそ、私たち都田建設は少しでも自然を思い、里山の中で仕事をし、里山を大切にする気持ちを込めて、美しい街づくりを里山で行っているのです。

こうした里山にいるからこそ、季節を感じる感性も磨かれます。

例えば、田植えの時期には土の匂いを感じることができます。都田町にいると、目で見る、耳で聞くことの他に、香りを嗅ぐことができます。

3月、4月は、道を歩いているといろいろな花の香りを感じることができ、どの花の匂いかと足を止めながら自然と対話します。

5月には、新緑の匂いがします。特に、早朝に木々の近くを歩くといい香りがします。そして、6月初めまでは、田植えのために土を起こし準備をしている田んぼのあぜ道では、土の匂いなのです。

人工的な香りの中に身をおいていると、自然の本物の香りに気づかなくなります。そうなると、本物と偽物の違いが分からなくなるのも当然です。

また、逆に自然に囲まれたこの場所にいると、自然のありがたさを当たり前に思い、こういう豊かさすら、ありきたりのものと思ってしまうのです。

自然と、人の営みの中にある暮らしの匂いが大事なことに、気づかせてくれます。これが、私たち都田建設が大切にしているスローなライフスタイルなのです。

そんな中で、ゆっくりとした時を過ごしていただくために、**「蔵で旅するbook store」をつくりました。**

蔵は、代々にわたり大切なものを保管したり、置いておくことで熟成し、モノの価値が高まっていく場所であり、日本民家の一部として利用されてきました。そして、現在においては、蔵の存在価値だけでなく、「熟成」や「伝承」といった意識すら人の心から失われつつあるように思います。

「蔵で旅するbook store」は、築100年の空間と古材をそのまま活かし、地元のワラを練りこんだ自然素材の漆喰を塗り壁として使ったり、地元産の天竜杉を取り入れるなど、地域の風土で育ったものや生き物とデザインを共存させています。

築100年を超える空間を活かしたデザインと、使用目的をリバリューした書店と

ライトアップされる「蔵で旅するBook store」

して、新たな命が吹きこまれました。お蔵という落ち着きのある空間の中で、好きな本と出合い、心の中で自由な旅ができる悦びを感じてほしいという願いから生まれました。

本のカテゴリーは、ナチュラル・オーガニックなライフスタイル、暮らし、食や料理、デザインやインテリア、アウトドアやDIY、旅や自然、そして生き方、芸術や音楽、ファッション、大人の絵本など。

大人がゆっくりと自分を見つめ、深めることができるスペースです。ここにお越しいただく人たちのライフスタイルが熟成していく場所として、心地良い時間をお過ごしいただきたいと考えています。

美しい心は自然と共生する「ライフスタイル」から

これまで日本の里山では、人間による柴刈りなどの手が入ることで、自然のバランスが保たれていました。しかし最近では、薪や炭の利用が少なくなり、里山の手入れが行われなくなったためにイノシシやシカが増え、農林業に悪影響を与えています。さらに、外来種や化学物質が人の手によって持ち込まれ、地域固有の生態系が脅かされているのです。

生態系においては、あらゆる生き物が重要な役割を果たしています。私たちが食料にしたり、愛玩したりする生き物だけが生き延びればいいわけではないのです。

生態系は、多くの部品が複雑に組み合わさって構成されている飛行機のようなものであり、たった一つの種の絶滅が、生態系全体を壊滅的な状況に導くかもしれないのです。

そう考えると、生物多様性という新しい概念が登場した理由が分かる気がします。私たちは等しく自然の恵みを受けていながら、今はその恵みを失いつつあるのですから。

そのことを認識し、環境をはじめとするさまざまな問題を解決するのに必要な共通の足場を持つために、生物多様性という考え方が生まれ、注目され始めているのでしょう。

私たち都田建設では、美しい街づくりにとって、まず大事なのは土だと思っていますので、土を作ることも行っているのです。

やはり、きれいな花を咲かせるためには、良い土作りが非常に大事であることを身にしみて実感しながら、私たちドロフィーズでは、敷地内にある田んぼの跡地をより素敵なお花畑にしようと、スタッフみんなと、そしてご近所様にご協力いただきながら、土作りから行っています。

実は、初めの1年間、植物のことを考えた土作りをあまりしなかったこともあり、種を蒔いても、苗を植えても、思い通りに開花しなかったこともありました。

どうしても、きれいな花のことばかりに気をとられ、その花にとって最も大事な良質な土壌づくりをないがしろにしていたのです。見えているところばかりを追っかけていた私自身、非常に恥ずかしくなります。

こんな経験をしたからこそ、美しい街づくには美しい自然と共生する「ライフスタイル」があることが重要であり、その美しいライフスタイルにとって重要なのは、

「土であった！」という本質をスタッフ全員で確信することができたのです。

確かに、私も私たち都田建設の社員も土に関しては素人でしたが、美しいライフスタイルを実現する街づくりをしたいとの情熱が、こういった学びになったのだと今は理解できました。

本当に、汗をかいて、自然を相手に実践したことからこそ、学べたことは大きかったと感じています。こうした街づくりをするプロセスで、私は組織づくりについても学ぶことできました。特に、人としての生き方を、この土作りから学ぶことができたのです。

確かに、植える人、見る人のことを考えることも大事ですが、そこで成長する植物にとって大事なのは、しっかりと根を張れる、そして、雑草に負けない土なのです。人も、上に伸びていくためには、その人の周りの環境だけでなく、人を強く優しく伸ばしてくれる土壌づくりが必要で、その先に、いずれ人生の有終の美としてきれいな花が咲いたり実がなったりするのです。

育ちやすい、豊かな土地であれば、植物はすくすくと育ちます。逆に、やせた土に落ちた種は芽すら出せず、死んでしまいます。

人のいる環境も、じめじめ、いじいじ、ねちねち、こんな縮こまった空気感のある場所では伸びるはずもないのです。

良い種（人）が育つためには環境が大事であり、もっというと、空気感、社風力が爽やかで透き通って、すがすがしいことが大切なのです。

私たち都田建設の全スタッフが、この土作りを通じて学んだり気づいたりした多くのことを、私たちのこれからの価値づくり、さらには美しい街づくりに生かしていきたいと考えています。

Gaia Harmonic Life

CHAPTER

4

「誇り」となる会社に必要な環境行動とは?

誰が地域を守るのか?

日本には、世界に誇れる素晴らしいモノやコトがたくさんあります。自然、歴史・文化、食、観光地、特産品、産業などの地域資源。特に国土の7割近くを占める森林、美しい自然、そして日本中のすみずみまで隈なく整備されたインフラストラクチャー。道路が整備され電気が通っているのはもちろん、上下水道完備やインターネットも使える快適な生活が送れる地域も増え、これほど便利で美しく住みやすい国は日本だけかもしれません。

こんな素晴らしい日本の価値が、最近は海外の投資家たちにも知られるところになり、海外の企業が日本各地で開発を進めているのです。

海外資本が入り込んでいるのを知ると、「街づくりとは誰が行うのか?」、次に「地域は誰が守るのか?」、最後に「あなたの未来はあなたの行動にかかっているのではないか?」という問題が浮き上がってきます。

私はこれまで、家づくりを通じてお客様に喜んでいただくことを事業のスタートにしてきましたが、数年前より、街づくりにも積極的に参加してきました。

本書では、私たち都田建設が家づくりだけではなく、街づくりをしてきたプロセスを伝えていきますが、その上で私がこれまで考えてきた理論なども紹介していこうと思います。

地域を守るのは、あなた

今後は、さまざまな地域で、自分たちの魅力を伝えるのがうまい地域と、伝えるのが下手な地域の間で格差が起こることが考えられます。

いわゆる地域ブランディングをする必要性が生じていくのです。つまり、その土地の「付加価値」を高め、他の地域との差別化を図るということです。

もちろんこれは、国内の地域に限った話ではありません。世界的に見れば、日本は一つの地域にすぎないのです。

現在、世界的にも森林が豊富で、エコなイメージを持つ国といえば、フィンランドなどの北欧諸国です。フィンランドの国土面積の森林率は73%、日本は国土の68%で、日本はフィンランド、スウェーデンに次いで世界第3位と、とても森林豊富な国なのです。

多くの日本人は自国の魅力を知らなすぎるのです。そして、日本の本当の魅力を知らないからこそ、海外へアピールすることもできず、またその表現する術《すべ》も知らないのが現状なのです。

世界一の省エネ技術やロボット技術を誇り、国土は自然がたっぷりとある我が国は、いうならば宝の持ち腐れなのです。

これは、政治だけの問題ではなく、国民一人一人の「日本の魅力」に対する意識も希薄であるためといえるのではないでしょうか。

本書では、この国に誇りを持っていただくために、日本の価値や日本の文化などにも触れつつ、日本人の精神性にも触れていきたいと思います。

なぜなら、地域を愛し街をつくっていくためには、何よりも地域に誇りを持ち、地域の集合体である日本という国に誇りを持たない限り、持続的な繁栄をすることは難しいと考えるからです。

ここでもう一つだけ、あなたに考えていただきたいことがあります。あなたの愛する家族が生活している地域を守るのは誰でしょうか?

答えはもちろん、他ならぬ、あなた自身です。

世界と地域企業との関係を理解する

『フラット化する世界』(日本経済新聞社・2006年・伏見威蕃訳)の著者であるトーマス・フリードマンが指摘しているように、モノについてもサービスについても世界市場はフラット化が進んでいます。

TPP問題が話題になっていることもあり、多くの方も世界と地域との関係ついて、いやもっとさまざまな問題があることに気づいているのではないでしょうか。

例えば、経済と貿易の自由化は競争を激化させる一方です。確かに、グローバリゼーションは多くの企業にチャンスを与え、特に大企業には有利です。しかし、こうした規模の大きさというのは時には両刃の剣であることを忘れてはいけません。

大企業ほど影響力が大きいために、常に厳しい批判の目にさらされ、鵜の目鷹の目で監視されているともいえます。

グローバリゼーションと同時に、市場の細分化も進行中ですが、ニッチやローカル市場においては、独自性の高いモノやサービスが要求されています。地元のニーズや好みに応えられなければ、大企業といえども生き残れない時代になってきました。

環境も同じで、ごくローカルな問題もあれば、地球全体に関わる問題もあります。グローバリゼーションとローカリゼーションの時代を迎え、環境問題への取り組みは一層難しくなっているのです。

こうした背景において、私たちはどのように企業経営をすればいいのかが問われていると思うのです。まさに、「自我意識」からではなく、「利他の精神」を持って、地域のお客さんを幸せにし、社会をより良く豊かにすることが企業経営の根幹であり、こうした企業経営は結果として国を繁栄させるだけではなく、世界にも貢献できると思っています。

私たち都田建設の取り組みが高く評価されたのは、まさにこうした『利他の精神』を根底に持つ取り組みのためなのです。嬉しいことにこの環境に対する活動は、2015年11月に国連機関である「UNFCCC（国連気候変動枠組条約事務局）」が開設した「ナスカ気候行動ポータルHP」に掲載されました。

その内容は、以下の3項目です。

- 都田建設全敷地・工事現場でかかる電力の100%グリーン電力化
- 都田建設全敷地のカーボン・ニュートラル
- 「都田駅 cafe」のカーボン・ニュートラル

(http://climateaction.unfccc.int/company/miyakoda-construction-co-ltd)

今や、「大きな政府」の時代は終わり、企業に対する市民の期待が大きくなっていると思います。アメリカでは企業に対する政府の規制がややゆるくなり、ヨーロッパでは相変わらず厳しいという違いはありますが、世界的な傾向として、企業は環境問題のみならず、さまざまな社会のニーズに自ら進んで対応することが求められるようになってきているのです。

「社会のニーズ」と一言でいいましたが、世界に目を向けますと、飢餓問題などの貧困対策、貧富の格差による教育や医療などの格差、紛争、人権の抑圧、感染症や環境問題など、実に幅広い社会的なニーズがあります。

そこまでを企業に求めるのが適切かどうかはさておき、世論の趨勢《すうせい》ははっきりしています。企業の社会的責任（CSR＝Corporate Social Responsibility）、言い換えれば、「利他の精神」を持って社会に貢献する姿勢が求められているということではないでしょうか。

「利他の精神」を経営の軸におく

今日の世界では、どんな企業も、環境問題を無視して生き残ることはできません。大企業にも中小企業にも、地元相手の企業にも多国籍企業にも、製造業にもサービス業にも、これは当てはまるのです。

業種や企業の規模などによって、社会の環境意識がもたらす影響はもちろん違います。しかし、どの企業にも及ぶことは確かであり、企業は否応なくこの波にさらされながら事業を展開することになるのです。

この環境問題で企業にかかる圧力は、大きく2つあると思います。第一は、自然の限界です。企業活動は、当然ながらその制約を受けることになります。第二は、環境問題に関与する関係者および社会の意識の高まりです。

地球温暖化、大気汚染、水質汚濁、土壌汚染、エネルギー不足、水不足、生物多様性の危機、有害化学物質の増加などなど、これらの問題は、企業にも社会にも影響を及ばさずにはおかないのです。

地球は一つであり、世の中はすべてつながっているのです。これこそが環境意識を強く持って、社会のこと、地球のことを考えて経営する、つまり「利他の精神」を持っての会社運営が必要なのです。

ここで特に強調しておきたいのは、科学では必ずしも白か黒かがはっきりしているわけではないことが多数あるということです。

確かに、オゾン層の破壊や水不足などは分かりやすいですよね。原因も結果もはっきりしていますから。これに対して、地球温暖化などはまだ曖昧な点が多いようです。しかし、さまざまなデータを見ても、世界の未来や調和を考えても、私たちは「きれいごと」を行うことを決め、より正しい判断をして「利他の精神」を持って行動すべきではないでしょうか。

私たち都田建設は、本気で「利他の精神」による経営を愚直に行うと決めており、毎日毎日、地球、地域、そこで暮らす人々に感謝しながら、私たちにできることはないかを考えています。

ぜひ、あなたにも気がついていただきたいのです。

なぜなら、環境問題を重視する経営者は新しい視点を持って、自分たちの事業のあり方を見直し、コスト削減、リスク回避をしつつ、持続的繁栄のあり方を見出しているからです。そして、事業を通して、お客様や社員をはじめとする直接の関係者だけではなく、地域のみなさんとの結びつきを深めています。

環境保護と事業運営とを上手に両立させる企業、すなわち自社が環境に与える影響を極力抑えつつ、それを利益に結びつけ、長期的な繁栄を維持できる企業のあり方こそが持続可能な繁栄を導きだすものです。

こうした新しい経営哲学を、本書でお伝えしてきました。それを「利他の精神」経営と呼び、私なりの実践に基づいた考え方を紹介させていただきます。

「利他の精神」経営には素敵な「ギフト」がある

企業としてできる最善のことは、「成長の質」を変えることだと思います。これが、企業の社会に対する責任（CSR）の中でも、最も重要な取り組みの一つといえるでしょう。

これまでの社会では、企業の経済成長のあり方が環境問題を引き起こし、飢餓や社会格差を蔓延させてしまっているのではないでしょうか。

そうだとすると、やはり、企業経営そのものの中身・質・精神に至るまでの根本から、転換させる必要があると思います。

たとえそれが、地元だけで経営していようが、日本だけを主要な市場としていようが、海外での事業拡大を目指していようが、企業には経済成長の質を劇的に変える役割があるのです。

もちろん、こうした経済成長の質的転換は、企業が単独でできることではないかもしれません。そのため、本書でも繰り返し提案させていただきます「利他の精神」経営が必要になり、このあり方が必ずや未来を変えると信じています。

もし、あなたが経営者であるなら、ぜひ「利他の精神」で一歩を踏みだして積極的な行動をとり、企業として得られる素敵なギフトを受け取っていただきたいのです。

そのギフトとは、あなたの会社がお客様だけではなく、地域を含めた社会から「尊敬され、憧れを持たれて、応援され続ける!」という最高のギフトです。

いかがでしょう。このギフトを社会からいただければ、あなたの会社は持続的繁栄を手に入れると思えるのではないでしょうか。

経営者であるあなたには、景気の浮き沈みや、世界を取り巻くさまざまな事業環境の地殻変動を正しく捉え、社会が変わる方向の先端を行くことが求められているのです。

近未来の課題に対する、自社の意思と主体性を持った戦略の立案に加えて、他社の一歩先を行く商品やサービスの企画、さらには自社の重要なお客様に対する正直かつ積極的なコミュニケーションの展開があってこそ、あなたの会社に新たな活路が開かれます。

これは、企業の規模を問わない挑戦であり、可能性でもあると考えます。その過程にあなたが自ら参加することによって、確実に企業として独自の立ち位置でブランド力を高めることができるのです。

逆にもし、あなたが新しい経済の実現、その質的転換に参画しなければ、そしてこれからの時代に適応した商品・サービスを「利他の精神」で提供することができなければ、あなたの会社の競争力は確実に低下していく、そんな時代にあると思っています。

なぜ、日本人は「利他の精神」理解があるのか

日本の経営者であれば、「利他の精神」に基づく経営という哲学はご理解いただけ

ると思います。なぜだか分かりますか。

私なりに研究して、考えたことを紹介させていただきますと、地球温暖化、さらには自然へのアプローチについて、欧米と日本とでは発想が違うのです。

最も異なる点は、一神教と八百万《やおよろず》の神との違いだと思います。「CHAPTER1」でも少し触れましたが、我が日本は、正月や結婚式は神道、お盆や葬式は仏教、ハロウィンやクリスマスはキリスト教と、華やかですよね。これは、無宗教というよりは、むしろ、さまざまな神様をことあるごとに認めているからです。その一番の例が、八百万の神という考え方です。

出雲大社には毎年旧暦の10月10日から始まる「神有祭」という祭りがあり、2000年も続いています。この期間、日本全国の八百万の神様が出雲には行ってしまい各地域の神様がいなくなることで、10月を「神無月《かんなづき》」ということからもお分かりでしょう。

　こうした日本の根幹であり文明の象徴ともいえる八百万の神は、神様が至るところにいて、石や木など自然物すべてに存在するというアニミズム（自然崇拝）思想なのです。

山には山の神様がいて、海には海の神様がいる。この思想は日本における多くの神話の軸をなし、現在の宮崎駿作品を中心としたアニメなどにも、この傾向は顕著です。こうしてできた宮崎駿作品をアニメで見て感動した外国人が日本を好きになる、という循環まで起きているのです。

これは今の時代のＩＴ的にいえば、ユビキタス（「あらゆるところに」というラテン語が語源。神々があらゆるところに偏在する意もある）であり、欧米のユビキタス（たったひとりの神が、あらゆるところに偏在する）といわれているものと根本的に異なるのにもかかわらず、近い価値観なのです。

とはいえ、そもそも自然の中に神が無数にいらっしゃると考える思想の日本と、一神教である欧米の自然への取り組み方は違っていると考えられがちです。しかし、実は欧米でも受け入れられるものなのです。

だからこそ、私たちは、日本人として自然への取り組みをもっと考えなければなりません。自然への畏敬の念があってこその日本人ですし、そこから始まる地域における街づくりが、世界を変えていけるのです。

縄文時代から学ぶ高度な持続可能社会

日本には、これまでも素晴らしく高度な街づくりをした時代が幾度もあったようです。有名なのは、250年以上も他の国には頼らずに、日本国だけで、自給自足で暮らしをしており、豊かな文化までつくり上げた江戸時代。

環境の専門家たちの研究で、江戸時代の社会も街づくりも高度なエコ社会、環境意識の高い時代だったということは有名な話です。

確かに、そうだったのでしょう。江戸時代に比べれば、どう考えても、今の日本のライフスタイルや価値観はどこか日本人らしさとはかけ離れてしまっていると感じてしまいます。

いったい、私たち日本人が進むべき未来はどのようなライフスタイルがふさわしいのでしょうか？　こうした点も含めて、私たち都田建設は、地元のみなさんと共存共栄するべき街づくりを考えながら、実践しているのです。

例えば、縄文文化といわれると原始的で貧しい狩猟民族であったというイメージがありますが、縄文文化は1万5000年続いた、世界でも唯一といわれるほど高度な持続可能な社会であったということが分かってきたそうです。

定住型の狩猟採集民の存在があります。当時は、農耕民族となる選択があったにもかかわらず、それをあえて受け入れなかったということです。農耕でないからこそ自然の営みと完全に調和し、すでにあるものを活かして広葉樹の木の実、魚介類を獲ってみんなに分け与えていたという生き方をしていたため、自然と共生でき、自然環境を汚すことも壊すこともなかったのです。

さらに、縄文土器という道具を生み出し縄文様式となって、人々の生活を安定させたのです。まさに、そこには持続可能性を大前提にしたライフスタイルがあり、そして、それを助ける道具がありました。それがその時代の文化的様式となったのです。

その様式には、当時の自然環境にどう向き合い敬っていたかもが描かれていて、それが装飾となっています。まさに、自然を畏《おそ》れ敬い、すべてに神々が宿るという今の日本人の心の奥にあるものと全く同じ価値観を持って、1万5000年間続いたのです。

今の時代を生きる私たちが縄文時代の生き方から改めて学ぶべきことは、本当にたくさんあるのだと思うのです。

世界規模で広がる「利他の精神」ベースのエコ意識

さて、日本の心ある経営者であれば、こうした素晴らしい日本の文化やライフスタイルにより、結果として「利他の精神」に基づく経営と哲学をご理解いただけると思います。

しかし、最近では世界でもこの経営哲学は普及しつつあると感じています。その証拠に、世界の優良企業は、ここ数年の間に事業戦略を変えてきているのです。

優良な大手企業各社は、世界展開する中で、事業環境の抜本的な変化を肌で感じ、経営と事業戦略の両方に本格的にメスを入れ始めているためです。まさに企業を取り巻く事業環境そのものに「地殻変動」が起き始め、そしてそれは加速しているのです。世界全体を取り巻くグローバルな規模での、環境・社会問題が認識されています。それは、1992年にブラジルで開催されたリオ・サミット（地球サミット）が大きなきっかけとなり、対応の緊急性が共有され、世界各国で「地球社会」の将来的な行方に関する新しい危機感が芽生え始めたのです。「地球意識」が芽生え始めたとも、捉えることができるでしょう。

このように動き始めた世界の価値観や意識の変化は、一時的なトレンドに終わるようなものではなかったのです。やはり、地球人口の急速な増加と、一部の地域・人々の急速な消費拡大により、環境問題や不均衡な社会開発は地球規模で「目に見える」現象として表面化し始めていたのです。

このままでは、永続性ある健全な地球社会の発展は実現できない。従来通りの経済システムをそのまま続けても、地球規模での分配や富の分かち合いがうまく進まない。

このような問題意識は、1990年代半ば以降になると世界各地へどんどん広がっていったのです。

世界のこのような大きな変化は、大企業にとっても次第に事業を営む上での「新しい制約条件」として顕在化するようになったのです。例えば、廃棄物問題による影響、地球温暖化による気候の変化、鉱物やエネルギー資源の需給の逼迫《ひっぱく》、食料や水の安定供給の難しさなどが挙げられます。

私たちの社会や経済活動にとっては、「自然のインフラ」を形成している生態系や土壌劣化も、人類社会にとっての環境制約として、ここ4半世紀の間により深刻になり、顕在化しています。

さらに、多くの「社会制約」がこのような環境制約と連動して、進展するようになったのです。例えば、前述の1992年のリオ・サミット（地球サミット）から議論が始まり、1997年に日本の京都で取りまとめられ、2005年にようやく発効した「京都議定書」。

これは、「先進国が2012年までに温暖化をもたらす温室効果ガスの排出を平均

5・2%削減するという国際条約」でしたが、このような条約は国家にとってだけでなく、企業にとっても新たな社会制約を意味します。

企業にとっては、二酸化炭素など温室効果ガスの排出に規制がかかり、そのためのコストを伴うなどの制約条件となりつつあります。

国際的な社会制約ばかりでなく、日本国内でも1990年以降に多くの新しい法律が施行されました。一例として有名なものを取り上げると、2001年に施行された「家電リサイクル法」。この法律によって、テレビ、エアコン、冷蔵庫（冷凍庫）、洗濯機などの主要家電は必ず回収し、リサイクルしなければいけないことになったのです。

2005年には、使用済みの自動車のリサイクルを義務づける法律として「自動車リサイクル法」が施行されました。これらの新しい法律は、リサイクルの責任を負うメーカーにとってだけでなく、国や自治体、そしてその費用を負担する私たち生活者にとっても新しい制約条件になったといえるのです。

企業経営とは、もはや単に儲ければいいという単純な時代ではなくなっているのです。それは、地域だけで活動している零細企業であっても逃れられない時代になったということであり、その後も社会の環境意識は高まるばかりです。

ここで、私たち都田建設が実践している話を具体的にいたしましょう。

ライフスタイルが魅力的な地域

日本スローライフマイスター協会は、理事の知識人である先生方と私たちドロフィーズ（表記は「DLoFre's)」。夢＝DREAM、愛＝LOVE、自由＝FREEDOMの頭文字に's の仲間を加えた都田建設が生む感動の総称と位置づけられるコンセプト）が提案するライフスタイルによる、丁寧な暮らしを基準とした「生き方」にフォーカスした資格検定を運営しています。

なぜ、ライフスタイルにこだわるのかというと、やはり環境問題や健康問題などが大きな理由といえます。

例えば、2015年12月にパリでCOP21（気候変動枠組条約機構）が開催されました。この会議は1995年から毎年開催され、これで21回目となります。今回は2020年以降の世界共通の枠組みをつくるための、非常に重要な位置づけを持つ会議となりました。

COP21では、「世界が一つになって100年後の気候について語り合い、共通の目標に向かっていく」という合意が得られたそうです。

政治、国益、外交などの枠を越えて、未来の子どもたちに残すこの地球について、目標を持って行動していくための意見の一致があったことは、大きな前進といえるのではないでしょうか。

未来の子どもたちのためにも、議論だけではなく、宣言や条約や規則だけでなく、やはり、各国の、そして各企業のこれからの実践が問われます。

私は強く思うのですが、「持続可能な社会、環境と共生する社会」という言葉を単なる「きれいごと」ですますことなく、一人一人の生活を具体的に変化させ実践していくことが大切なのだと思います。

そして、この未来への重要なタイミングが今なのです。今回のCOP21での合意はこれからの世の中が、本物の思いやりのある社会へと変わっていく素晴らしいキッカケになると考えています。

この会議は、世界でイニシアティブをとる都市や企業の取り組みを取り上げ、トップダウンだけでなく、ボトムアップも含め、温暖化防止に全世界を挙げて取り組む姿勢を強いものにする目的があります。日本は、2013年比で26％マイナスにするという目標を発表しましたが、4分の1を減らすということは、日本人の生活スタイルそのものに変化を起こさねば不可能な数字です。

このライフスタイルという点において、前述の通り、この浜松市が政令指定都市の中で「健康寿命」日本一という位置にいることは重要です。浜松市が健康で長生きできる場所であるからこそ、私たちドロフィーズは、日本だけではなく世界へ、その秘訣を生活の中からの価値として伝えていけるのです。

この日本スローライフマイスター協会は、その価値を一般化して多くの方が応用できるものとして、健康で豊かな暮らしと次世代の環境に責任を持つ行動の参考にしてもらえると考えています。

大量生産、大量消費、経済至上主義、個人主義……。

これとは真逆の顔の見える愛情のこもった生産。

それは、価格だけでなく、つくり手の念《おも》い、背景、ストーリーとしての価値を高め、結果だけでなく過程や、人と環境への持続可能な関係構築の大切さを肝に銘じ、これからの未来が愛あるより良い時代に入っていくことを実感できる幸せなども合わせて、「日本スローライフマイスター協会」は、日々力強くみなさんに発信しているのです。

持続可能な経営を目指す。ブームにならないことでドロフィーズを知ってもらいたい。これこそが、私たちのスタンスです。一時の流行にはならないという「あり方」の中で、日々、多くの経営判断をしていくのですが、この時代に、社会に消費者に認知され、行動していただき、そして、リピートしていただくためには非常に多くの気配りが必要です。

さらに、それがブームではなく、持続したものであり続けるということは、根本の「価値」を伝え続けていく中で、そこに共感していただける方々に、しっかりと伝わ

ることを実践し、発信していくことが大事なのです。

すべては、自然を敬うことから

私たち都田建設は、ドロフィーズの活動の一環として、良質な森をつくることを支援し、CO_2の吸収量を増やすことで地球温暖化ガスを削減していくための行動をしています。

そして私たちは、時間をかけて地域の人々の手で蘇った森の良質なヒノキを、住宅の「柱」として住まいづくりに使っています。また、森を育てるために間引きしたり、手入れをしたりするときに出る、間伐材や雑木を薪ストーブの燃料として使っていくようにしています。

こうした、森と経済の持続可能な循環。そして、人と人のつながり。木に吹き込まれる念いのバトン。自然を愛する人の願いのバトン。こうした、人と自然の調和のある暮らしを私たちは大切にしています。これらすべての活動が、総合的に判断され、前述のように、とうとう国連にも認めていただけました。

私たち都田建設の環境活動が「国連」の公式HPに取り上げたことからも、私たちドロフィーズがこれまでに実践してきたことや提案してきた数々のことをより多くの人に知っていただき、世界に貢献できるものと考えています。

前にも述べましたが、私たちドロフィーズは、この国連の公式HP「NAZUCAポータル」に環境活動の3つの取り組みを取り上げられています。ぜひ、ご覧になってみてください。

こうした活動について国内でも注目集め、環境省「第5回カーボン・オフセット大賞」(2015年)優秀賞を受賞いたしました。これにより、全世界が抱える大きな問題である温暖化の気候変動についての、未来の低炭素社会に向けた具体的な取り組みの実践を、日本の環境行政のトップである環境省にも認めていただきました。

私たちが提唱している「Gaia Harmonic Life ――地球、人、企業の持続可能モデル〜新築注文住宅と企業活動における環境負荷ゼロを目指して」はCO_2について、カーボン・ニュートラルでありながらも、人が豊かな暮らしができる、そのライフスタイルについて今この時代からすでに実践できる、そのあり方を明確にしています。CO_2を産業連関効果によってゼロにすることは、私たちにとっては当たり前の取り組みです。

そして、私たちドロフィーズでは、スローですがクリエイティブな人と組織について、

・その暮らしの基準を明確にしていること
・そのための心の磨き方
・自らの活動を広く伝えること
・組織のマネジメントについて

――これら4つの活動を通じ、人が自然と地域と共に生きる姿を明確にし、それを実践していることを評価していただきました。

環境省に、「Gaia Harmonic Life（ガイア・ハーモニック・ライフ）」という、世界が必要とするライフスタイルとしての言葉を認めていただけたことは、私たちの強い

自信となります。

環境への取り組みは、コツコツと地道に、そして、「きれいごと」をやり続けることです。そうすることでしか、美しい地球を取り戻すことはできません。

私たちは、本気の取り組みをこれからも続けてまいります。

道徳経営を愚直に実践

私たち都田建設の活動は、国連から、確かな追跡情報のある、革新的戦略的取り組みであり世界の都市や企業のイニシアティブをとる活動として、世界中にある都市や企業の中から選ばれ、認めていただけました。

私たちは、一見、世間ではこういった取り組みは不可能だと思われることを、100年後、1000年後を見据えて、今この瞬間も行い続けています。

しかし、よく講演会などでお話をさせていただきますと、私は企業経営者たちから何度も「なぜ御社では、コスト（時間と人件費と直接経費の集積費用の意味）をかけてまで、環境への取り組みを始めたのか」と質問されることがあります。

こうした質問には、このように答えてきました。

「正しいことだと、信じているからです」

すると、多くの質問者は困惑されています。

この点が、「利他の精神」ではなく、「自我意識」で経営している方には理解されない点だと思います。つまり、目先の損得で考えており、物事の善悪で考えていないのです。

私たちは先ほどからお伝えしてきた通り、新しい文明をつくることを志し、「利他の精神」でできることからコツコツとゆっくりかもしれませんが実践し続けています。それが、世界でも評価されるに至りました。こうしたことからも分かるように、今やモラルや倫理観は、企業経営と切り離せないものになっています。

「正しいことをする、曲がったことはしない」というしっかりした価値観を貫く企業は、優秀な人材を呼び込み、ブランド価値を高め、顧客や取引先の信頼を勝ち得ると感じています。

つまり、「利他の精神」を含めてのモラル（道徳）をベースにした美しい心を持った経営こそが、主流になる時代だと思うのです。

しかし、モラル（道徳）は企業の資産としては認識されにくいですし、あっという間に失われることも多いものです。信用とは築き上げていくまでには時間もかかり難しいものですが、失う時は一瞬です。

ドラッカーも予測していた「環境経営」の時代

ピーター・F・ドラッカーは『The Ecological Vision』（邦題は『すでに起こった未来』）という衝撃的な本を1993年に出版しています。

原題である、「エコロジカルなビジョン（環境の視点）」から察しがつくと思いますが、地球の生態系と経済の関係や、社会の中に起きていることが今後どのように変化していくのかなどを学ぶことができます。

これは私独自の見解ですが、ドラッカーは本書で、すでに今の「環境経営」の時代になることを予言していたのです。本著の中で、大量生産や大量消費によって資源が枯渇するほど使う時代の終焉を、あたかも予測しているかのようなニュアンスがあるのです。

つまり、ドラッカーは1992年の地球環境サミットの年に、時代の揺り戻しを予測していたのではないでしょうか。

この本から学んだことは、現在すでに起こってしまった数々の環境問題は、未来のビジネスチャンスであるというものです。

もし、今ドラッカーが生きていたとしたら、彼は世界中がエコでクリーンなビジネスに向かっている現象を、こう評価するのではないでしょうか。

「それが、正しいことだからだ」と

前にも述べましたが、今や、モラルや倫理観は企業経営とは切っても切り離せないものになっています。とりわけ、このモラルや倫理観の欠如は、企業ブランドを一瞬のうちに失わせしめます。

投資の神様といわれるウォーレン・バフェットは、「評判を築き上げるのには20年かかるが、壊すのは5分でできる。それを考えたら、行動には慎重にならなければいけない」と指摘している通りです。

1976年にノーベル経済学賞を受賞したミルトン・フリードマンは、「企業の社会的責任とは利益を増やすことである」と断言していました。時代は大きく変わったのです。

環境問題を重視する経営者は新しい目で事業を見直し、コスト削減、リスク回避をし、収益や質的価値の創出の機会を見出す必要があります。

今や、企業が環境問題に取り組むのは、「それが正しいことだから」という個人の信念を超えて、顧客や社員や株主をはじめとするステークホルダーとの結びつきをも深めて、一緒に行っていくものなのです。

こうした企業の戦略は、持続可能な競争優位を導き出すものです。ですから、地球に対する「モラル」からもきている、こうした新しい企業経営が、これからは必要ではないでしょうか。

ドラッカーが言うところの「The Ecological Vision」、つまり、「環境の目」でモノを見るようになったら、企業経営及び社会は大きく変わっていくはずです。

私たちドロフィーズは新しい発想で、「誇り」となる会社になるためにも、これからも「美」にこだわり、「地域」にこだわり、「地球環境」にこだわった経営を実践していきます。

おわりに

●文明をつくるという覚悟で、地域で実践し続けるという美学

最後まで本書を読んでいただき、ありがとうございました。

最後に、私の覚悟を紹介させていただきます。

ドロフィーズキャンパスでは、ライフスタイルの美、心の美、社風力を感じる世界をつくり続けていきます。この結果が文明をつくる！　との念《おも》いで真剣にコツコツと慌てずに、確実に結果を出していきます。

私たちドロフィーズは「人が輝く場所とは何か？」をこれからも考え抜いて、ただひたすら実践し続ける、というような決意をしています。

ドラッカーはかつて、「人間を幸せにする社会とはなんだろう？」と考え続け、行き着いた最後が「マネジメント」だったそうです。

その著書『マネジメント』の中で、「マネジメントは決して経営学ではなく、人を幸せにする仕組み」だと言っています。

さらに、ドラッカーは「マネジメントとは文明である」とも言っています。

この言葉に私はインスパイアされました。

ドラッカーは「今は、組織の存在なしに文明が生まれ育つことがない」とハッキリと断言しています。

ですから私たちは、日々、所属する組織を良くしようとすることで社会が良くなり、そして、同時に「人として成長している」実感を得るということがマネジメントであり文明なのだと感じています。

私の行っている経営、つまりマネジメントの行き先には文明があるのか！　と私はインスパイアされたのです。

私たちは、職場における仕事を通じ、「利他の心」で改善や創意工夫することこそが21世紀の文明なのだということを理解し、強い使命を持って実現していきたいと思っています。

私たちドロフィーズが日々実践しているマネジメントの積み重ねの成果の一つに、「社風力」があります。これは、関わるすべての人たちが幸せになるものです。この社風力こそがこれからの文明のあり方であるのだ、と感じています。

安岡正篤先生の言葉に「文化とは民族の創造力をいい、文明とはその施設外観をいう。文明が文化の重荷になってくると、その文明は永遠の命からいわば危険だといわねばならない」というものがあります。

この言葉は、非常に重要なメッセージだと私自身、肝に銘じています。外観、箱ばかりを気にして中身のない物。または、中身以上に外見が大きく、また見栄が広がると滅びるということです。

●1000年先へ今

私たちドロフィーズは経営を通して、文明をつくる覚悟で、1000年先を見据えています。私のブログのタイトルは、「1000」という言葉を使っていますが、この理由は1000年経っても消えないことを、今この瞬間にも大切にしたいとの念いで書いているからです。

日本には、1000年続く企業があります。「金剛組」という建設会社です。聖徳太子からの直接の教えを受け、一貫して寺院建築を手がけ続ける会社です。

何かを始めることより、続けることの方がどれだけ難しいか。継続とは変わり続けること。そして、絶対に守り続ける「念い」を持ち続けることだと学ばせてもらっています。関わった人々の誇りとなる会社。そして、幸せのスパイラルをつくる。私たちドロフィーズはまだ始まったばかりです。

今後は1000年先を見据えて、未来をつくっていきます。

私自身、正々堂々と、「きれいごと」を貫き通す経営者であり続けたいですし、私たちドロフィーズはそんな「きれいごと」を愚直に行い、淡々と続けていく1000年持続経営を目指しています。

ある意味、「こうした『利他の精神』で社会繁栄を促し、地域貢献を通じて美しい心ある社会づくりを行い、それこそが企業経営であるという哲学をベースに、新たな文明を担う」と、本気で考えて実践をしているのです。

この念いに誇りを持って、今後も今まで以上に実践を続けてまいります。

文明をつくるためには、地域のみんなさんとの共存共栄が欠かせません。私たちが拠点を置く都田町という美しい自然に囲まれた地域を、より美しく輝く場所にしたいとの念いは、私たちドロフィーズだけではなく、地域のみなさんも同じだと思います。

そんなみなさんの力でできたのが、地元**「都田ガイドブック」**です。昨年の10月に完成しました。次に掲げるホームページから、アクセスしてみてください。

http://www.interior-dlofre.jp/blog/2016/10/miyakodaguidebook16.php
このガイドブックは地域の資産に、互いの価値を認め合いながらデザインを吹き込み、新たな意味を分かち合える場所に……こうして私たちが存在させてもらっているこの都田を、たくさんの人が未来の可能性を再発見できるような場所へとつくり込んでいます。

ぜひ、この本を読んでいただきました方が一人でも多く、このガイドブック片手に

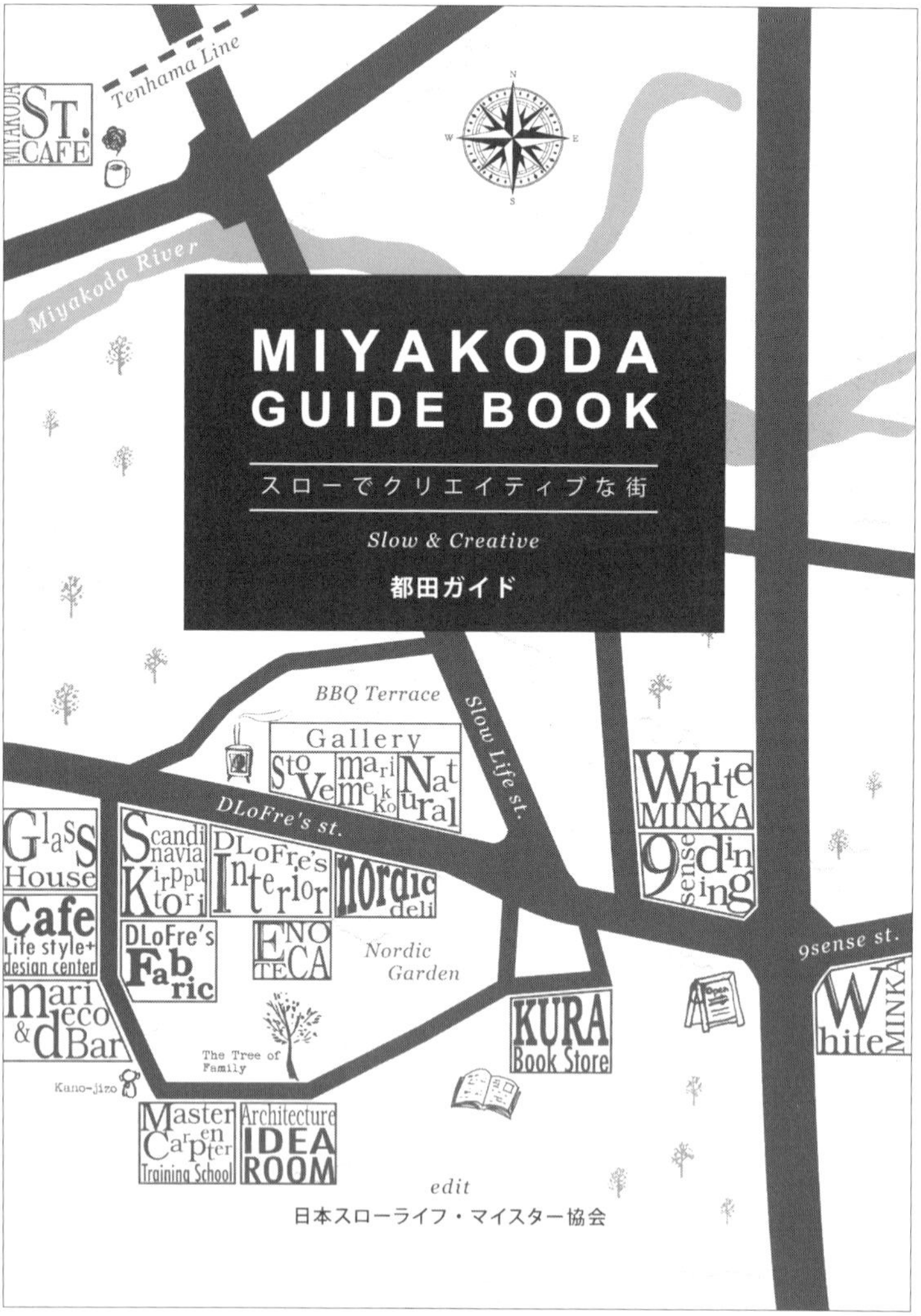

「都田ガイドブック」の表紙

都田に来てくれることを切望しております。

〈謝　辞〉

この本ができるまでに、実に多くの方々のお世話になりました。この場を借りて御礼をさせていただきます。

まずは、私に大きな愛と気づきを与え続けてくださる徳山先生に深く感謝したいと思います。

次に、同じ徳山先生に学ぶ中野博さんには、出版企画前から多くのアドバイスを受け、出版が実現するまで叱咤激励していただきました。

また、本書の編集担当をしていただき、最後まで本書の内容に関して、明確かつ丁寧なご指導をしていただきました現代書林の松島一樹様にもお礼を申し上げます。

最後になりますが、私に、多くの気づきや学びを与えていただきました先輩方、そして、ドロフィーズキャンパスの仲間たち、都田の住民のみな様に深く感謝いたします。ありがとうございました。

陽春のドロフィーズキャンパスにて

蓬台浩明

経歴と沿革

1986年	大工、内山 覚が内山建築店として独立。4帖半の事務所でスタート
1995年	内山建築店（のちの都田建設）の事務所を建設・完成
2001年	(有)都田建設から(株)都田建設に組織変更
2004年	「春のつどい」「なんしょかんしょ夏祭り」の第一回開催 注文住宅のみで年間 50 棟を達成する 新社屋（現事務所）の建設・完成
2005年	「心のに残る感動のサービス」を建築業界で初めて実践する ドロフィーズキララ（カルチャー&ギャラリー）スタート
2006年	サポートシステム「宝の声 119 番」対応のスタート※1 都田ストックの設置※2
2007年	内山覚が会長に、蓬台浩明が社長に就任 利益の一部をさまざまな活動をしている組織や団体に寄付する「1% for 感謝」スタート
2008年	「ドロフィーズ」ブランドスタート スローガーデンスタート 遠州灘の環境保全と絶滅危惧種のアカウミガメの保護を目的とした「ウミガメ放流会」スタート
2009年	社内で使う電力を始め、家づくりでかかる電力の100%をグリーン電力化 インテリアショップ「ドロフィーズインテリア」オープン ドロフィーズリノベーションスタート 静岡大学との共同研究「子育て空間研究所」発足
2010年	浜松大学「こども健康化学」にてツリーハウスで感性教育 海外支援学校建設プロジェクト「Yume School」スタート
2011年	週末菜園「はまころ」本格始動
2012年	ライフスタイル提案として「都田・ドロフィーズシネマ」スタート
2013年	「オーガニック朝市」スタート
2014年	ドロフィーズガーデン&ヒル」オープン ワークショップ施設「ドロフィーズファブリック」オープン 北欧ヴィンテージギャラリー「スカンジナビア・キルップトリ」オープン 全社員の公私共に完全禁煙を実現 全工事現場の完全禁煙を宣言 「ライフスタイルデザインセンター」 「ドロフィーズカフェ」 「イデア棟・棟梁育成学校・建築イデアルーム」
2015年	天竜浜名湖鉄道「都田駅」リノベーション 駅内に「駅カフェ」オープン カフェ「nordic deli」オープン 一般社団法人「スローライフマイスター協会」設立
2016年	コース料理が楽しめる予約制レストラン「9sense dining」オープン リノベーションした書店「織で旅する Book store」オープン 北欧を感じるホテル&ホステル「白の MINKA」オープン ギャラリー・ラウンジ「Art&People」オープン
2017年	ドロフィーズインテリア内に「浜松フィンランド協会」設立

※1　お引き渡し後の住まいのトラブルは、24時間いつでも、1時間19分以内に訪問して問題を解決するシステム

※2　万一の災害時もお客様やご家族、地元の方々の役に立つよう、事務所内の倉庫に非常食品を備蓄

表彰

2008年	地球環境に負荷をかけない新しい企業基準「エコアクション２１」取得
2010年	静岡県「地球温暖化防止活動知事褒賞」を受賞／「地球温暖化防止活動環境大臣表彰」を受賞
2012年	経済産業省「おもてなし経営企業選」選出
2013年	「経営品質賞 経営革新奨励賞」受賞 経済産業省「がんばる中小企業・小規模事業者 300 社」受賞
2014年	グリーン電力 100%企業から、環境省「カーボンニュートラル認証モデル企業」として認証
2015年	国連（気候変動枠組条約）ナスカポータルに先進企業として選出 miyakoda 駅 cafe「グッドデザイン賞」受賞（設計・インテリア・公共空間部門） 環境省より「カーボンオフセット大賞」受賞 中部カーボン・オフセット推進ネットワーク（後援：環境省） 「中部カーボン・オフセット大賞 審査委員長 特別賞」受賞
2016年	miyakoda 駅 cafe「はままつ広告景観賞 部門賞」（店舗・施設部門）受賞 白のMINKA「グッドデザイン賞」受賞（公共空間部門）

出版実績

サービスは「かけ算」！
（東洋経済新報社）

社員をバーベキューに行かせよう！
（東洋経済新報社）

もし、大統領が日本で家を建てるとしたら！？
（東京書籍）

おもてなし経営
（東洋経済新報社）

お客様に選ばれる「社風力」をつくる
（日本実業出版社）

人を動かすリーダーの「おもてなし力」の磨き方
（日本実業出版社）

吉田松陰の言葉に学ぶ本気の生きざま
（現代書林）

「誇《ほこ》り」となる会社《かいしゃ》の作《つく》り方

2017年 3月29日 初版第1刷
2017年 4月 3日 第2刷

著 者——————蓬台浩明《ほうだいひろあき》
発行者——————坂本桂一
発行所——————現代書林
〒162-0053 東京都新宿区原町3-61 桂ビル
TEL／代表 03(3205)8384
振替00140-7-42905
http://www.gendaishorin.co.jp/

ブックデザイン＋DTP——— 吉崎広明（ベルソグラフィック）

印刷・製本 広研印刷㈱
乱丁・落丁本はお取り替えいたします。
定価はカバーに
表示してあります。

ISBN978-4-7745-1622-6 C0034